Albrecht Huber, Klaus Isele, Michael Matzat (Hrsg.)

Der Ortenau-Spiegel

Literarische Porträts einer simplizianischen Landschaft

Mit Zeichnungen von Albrecht Huber

Edition Klaus Isele

ich wohnete auff einem hohen Gebürg die Moß genant / so ein stück vom Schartzwald: und überal mit einem finstern Dannen-Wald überwachsen ist / von demselben hatte ich ein schönes Außsehen gegen Auffgang in das Oppenauer Thal und dessen Neben-Zinken; gegen Mittag in das Kintzinger Thal und die Grafschafft Geroltzeck / alwo dasselbe hohe Schloß zwischen seinen benachbarten Bergen das Ansehen hat / wie der König in einem auffgesetzten Kegel-Spill; gegen Nidergang kondte ich das Ober und UnterElsaß übersehen / und gegen Mitternacht der Nidern Marggraffschafft Baaden zu / den Rheinstrom hinunter; in welcher Gegend die Statt Straßburg mit ihrem hohen Münster-Thum gleichsamb wie das Hertz mitten mit einem Leib beschlossen hervor pranget;

Hans Jakob Christoffel von Grimmelshausen

***

Nichts, außer dem Meer, wird hier vermißt,
und das Vorhandene ist in Fülle da.

Christoph Meckel

Inhalt

Vorwort 9

Wolfgang Koeppen	Reisen nach Frankreich	13
Wilhelm Hausenstein	Badische Reise	16
Eva Berberich	Das Lied zum Land	20
Ursula Flügler	Begründung für einen Wohnort	26
Reinhold Schneider	Schicksal und Landschaft	27
Eva Berberich	Tausch	32
Otto Flake	Schloß Ortenau	37
Wolfgang Guhle	Hornisgrinde	38
Wendelinus Wurth	Heimet so nett - 1983	39
Jürgen Stelling	Postkarte	40
Bernhard Kölmel	Offenburg	42
Ursula Flügler	Offenburger Horaz	50
Philipp Brucker	Bähnli ade	52
Jürgen Stelling	Kinzigwehr	57
Marta Schwarz	Die Alte und ihr Tod	58
Anton Fendrich	Hüben und drüben	66
Ursula Flügler	Ausgrabung	74
Alfred Eckerle	Wanderungen	75
Wendelinus Wurth	Herztäler Griese-Gipfel	76
Otto E. Sutter	Im Banne des Flusses der Mitte	77
Robert Ullmann	Die große Überschwemmung von 1960	89
Alfred Eckerle	Es traf sich	90
Elisabeth Moosmann	Fahrt durchs Badische Land	91
Reinhold Schneider	Kloster Allerheiligen	92

Elisabeth Moosmann	Kalvaria 102
Alfred Eckerle	Palmsonntag 103
Andreas T. Buchta	Fleisch und Kirche. 104
Heinz G. Huber	Der Renchtäler Himmel oder Wie fern ist der Ozean 109
Alfred Eckerle	Vor der Sportschau 127
Willi Heinrich	Das Schwarzwaldhotel 128
Otmar Schnurr	Aus den Aufzeichnungen eines Bruddlers 137
Philipp Brucker	Protest 142
Philipp Brucker	Manöver 144
Jürgen Lodemann	Schwarzwaldnotizen 146
Mark Twain	Bummel durch Europa 150
Marta Walter	Daheim im Renchtal 164
Heinrich Hansjakob	Aus meiner Jugendzeit 170
Jürgen Stelling	Gengenbach 174
René Schickele	Pariser Reise 177
Ursula Flügler	Straßburg 180
Alfred Eckerle	An Fasnacht weg, ins Elsaß ... 182
Ernest Hemingway	Inflation in Deutschland 185
Eva Berberich	Bild 191
Bertolt Brecht	Die unwürdige Greisin 192
Guntram Vesper	Unten im Schwarzwald 200
Walter H. Fritz	Das Jägerbegräbnis 206
Alfred Eckerle	Die Wende 207
Rolf Schulz	Tod im Baumsarg 208
Bildnachweis	214
Autorenregister	215

Vorwort

An einem Spätsommernachmittag des Jahres 1985, der „Hochrhein-Spiegel" war damals gerade im Druck, entstand die Idee zu dem vorliegenden Buch. Anfangs überwogen jedoch die Zweifel, ob sich das Projekt - eine literarische Anthologie über die Ortenau - auch tatsächlich realisieren ließe. Nicht nur bei uns hatte sich die Meinung festgesetzt, daß es sich bei diesem Landstrich, flankiert von kulturellen Zentren wie Baden-Baden, Straßburg und Freiburg, um ein ‚literarisches Vakuum' handle. Dieses Vorurteil wurde jedoch rasch revidiert, als wir zu recherchieren begannen, und die literarische Vielfalt, auf die diese Region verweisen kann, setzte uns zunehmend in Erstaunen. Diese eindrucksvolle Fülle hoffen wir im „Ortenau-Spiegel" mit seinen 48 Beiträgen von 31 Autoren anschaulich wiedergeben zu können.

Eindeutig literarisch geprägt ist diese Landschaft von Hans Jakob Christoffel von Grimmelshausen, dessen Simplicissimus-Roman in die Weltliteratur eingegangen ist. Mit der Adaption des Titelkupfers der Erstausgabe und dem vorangestellten Zitat, das einen Rundblick über die Ortenau zu simplizianischer Zeit wiedergibt, wollen wir auf diese Tradition hinweisen. In dem Band selbst kommen jedoch, von wenigen Ausnahmen abgesehen, zeitgenössische bzw. Autoren des 20. Jahrhunderts zu Wort. Sowohl Ortenau-ansässige Schriftsteller als auch auswärtige Literaten wurden in die Sammlung aufgenommen; ein jeder von ihnen trägt aus seiner Perspektive zum literarischen Portrait dieser Gegend bei. Die teilweise höchst unterschiedlichen Texte konnten und wollten wir hierbei nicht in ein harmonisches Gefüge pressen, im Gegenteil: das bunte Spektrum der Beiträge steht für die Vielschichtigkeit dieser Landschaft. Gegensätze und Brüche, die die Ortenau prägen, sollen sich auch in der Textsammlung widerspiegeln.

In geographischer Hinsicht orientiert sich die Textauswahl an den Grenzen des heutigen Ortenaukreises. Wurde der seit 1973 bestehende Landkreis einerseits als künstlich geschaffene Verwaltungseinheit kritisiert, so bedeutete die Kreisreform andererseits wieder eine territoriale Annäherung an die historische Ortenau. Die geographische Eingrenzung wurde allerdings nicht dogmatisch betrieben. Wechselbeziehungen mit Nachbarregionen sollten nicht unberücksichtigt bleiben; wirklich grenzüberschreitend ist der Band in jenen Beiträgen, die das Verhältnis zum benachbarten Elsaß thematisieren. Daß die Silhouette des Straßburger Münsters nicht nur zu Grimmelshausens Zeiten, sondern auch heute der Ortenaulandschaft ihr unverwechselbares Gepräge gibt, klingt gleich in mehreren Beiträgen an. Vielleicht ist es ja auch eines der eigentümlichsten Merkmale der Ortenau, daß Straßburg - für Jahrhunderte der geistige und kulturelle Blickfang - jenseits der Grenze liegt. So ist, wie wir hoffen, diese Anthologie auch dazu geeignet, dem Ortenaukreis zu einer, ‚grenzüberschreitenden' literarischen Identität zu verhelfen.

Die eigens für diesen Band entworfenen Kreidezeichnungen sind nicht als dekorative Textillustration, sondern als eigenständiger Kommentar zu verstehen. Der Gesamtkonzeption der Anthologie entsprechend, handelt es sich dabei nicht um für die Touristikbranche idyllisierte und zurechtgestylte Abbildungen im Sinne einer mittlerweile doch verbrauchten Postkartenästhetik. Vielmehr soll das Augenmerk des Lesers auf die Gebrochenheit der Landschaft, auf den Kontrast von Naturidylle und Industrielandschaft, eben auf die Gesamtansicht der Region gerichtet werden.

An wohlmeinenden Warnungen, sich nicht auf dieses Buchprojekt einzulassen, hat es von Anfang an nicht gefehlt: zu groß das Wagnis, zu gering das literarische Interesse - so der allgemeine Tenor. Das Buch liegt nun dennoch vor, und wir würden uns freuen, wenn es von den ‚Ortenauern', sei es als literarische Fundgrube, sei es als Anstoß zur Reflexion, angenommen würde.

Oberkirch, im Juli 1986   Michael Matzat

WOLFGANG KOEPPEN
Reisen nach Frankreich

Von den Höhen des Schwarzwaldes blickte ich auf die Vogesen. Im Mittagslicht schimmerten sie blau, welschblau, horizonbleu, wie alte französische Uniformen, wie ein Geisterheer gefallener Soldaten, und in den klaren, vernünftigen, den französischen Himmel stiegen romantische Schatten wie Ausläufer des Forstes, des Forêt-Noire, des schwarzen deutschen Märchenwaldes mit seiner Traulichkeit und seinem Schrecken, den photogenen Prinzessinnen und den regsamen Umgeheuern. Wie zieht's die Franzosen an! Heidegger irrt als Waldschratt durch das Gestrüpp der Worte, heroisch und gruselig, aufrecht und geschlagen, auf dunklen Pfaden trifft er Ernst Jünger mit der Botanisiertrommel, den Käfer, den Menschen, den Leib, die Seele, die Urangst aufgespießt, und dann hinter den rauchenden Meilern der braven Köhler die deutsche Tüchtigkeit! Am Waldhang ruhen die kleinen Orte mit den engen Fremdenheimen und ihren ältlichen Kurgästen, die sich am knorrigen Wanderstab, das Geschäfts- und Repräsentationsauto auf der Bundesstraße gelassen, nach strenger Vorschrift zu neuem Schaffen stärken. Ich träumte von Frankreich, von einem lieblichen Garten von Daseinsheiterkeit, von Lebenssüße und etwas freundlicher Frivolität. Mich trennte von Frankreich nur noch der alemannische Rhein. Eine Grenze? Ein Übergang und nie wieder Donnerhall, ein Locken nach Ost und West.

Das letzte Quartier auf deutscher Seite war Offenburg. Noch immer ist die Stadt großherzoglich badisch und kaiserlich napoleonisch geprägt, sie ist deutsch-französisch und französisch-deutsch, eine deutsche Garnison französischer Truppen, ein Klein-Europa und doch eine verträumte Provinzstadt voll Schwarzwaldduft und Wind aus den Vogesen. Im alten renommierten Hotel hingen von der Zeit freundlich gedunkelte Bilder der Landesfürsten und vergilbte graue Stiche vom Einzug Ludwigs XV. in Straßburg. Ein Marsfeld, Zelte, Wimpel, Reiter, Triumphbögen und viel Volk feierten den Vielgeliebten, den gottgleichen Verspieler und Zerstörer des Ancien régime, der weißen Königslilie, des großen französischen Zeitalters, der nie untergehen sollenden Sonne der Bourbonen über einer höflichen, adligen Welt französischer Kultur. Auch das Straßburger Münster war in den traditionsbehangenen Gängen des Hotels in Offenburg in alten Darstellungen zu sehen und sprach von Goethe und deutscher Baukunst und von Fausts beunruhigenden Zaubereien.

Schon der Grenze zu verwandelte sich die Landschaft in den erträumten Garten. Die Luft schien weicher, die Lebensauffassung leichter zu werden. Die Dörfer gaben sich bourgeois. Ihre Häuser waren behäbig und doch schön gegliedert, Fachwerkbauten alemannischer, elsässischer Urbanität. Sanftmütige Ochsen zogen die Einheimischen und ihre Ackerwagen gemächlich aufs zu bestellende Feld. Der Weg schlängelte in freundlichen Windungen. Deutsche Wirtschaftswunderautomobile brummten, in ihrer Schnelligkeit gedrosselt, vor Kraft und vor Ungeduld. Wollten sie die ihr geschäftiges Tempo hindernde Idylle fressen, oder drängte es sie so sehr zu Frankreichs Freuden?

Paßkontrolleure und Zöllner näherten sich freundlich der motorisierten Invasion, atmeten leichthin, lächelten entschuldigend für ihr zurückgebliebenes Tun, sie hatten die Mär vom vereinten Europa vernommen, sie hatten Verordnungen über den Gemeinsamen Markt empfangen, sie dachten vielleicht an die bedrohte oder strahlende Zukunft, vergessen waren alle Toten diesseits und jenseits des Rheins, und die Schranken bäumten sich auf wie steife alte Zöpfe. Die Kehler Brücke knüpfte sicher das Band der Montanunion. Auf dem Wasser glitten kohlebeladene Kähne von Zeche zu Zeche, von unabgetragener zu getürmter Halde, stromauf- und stromabwärts, wie ein zwischen den Nachbarn hin- und hergeschobener Schwarzer Peter, während am französischen Ufer Rohre genietet wurden, das Erdgas von Lacq, den gefundenen, das Öl der Sahara, den gefährdeten Schatz heranzubringen, und die blanken Röhren zielten wie unheimliche Geschütze des unaufhaltsamen menschenbeglückenden Fortschritts graden Wegs auf das sich allzu sicher wähnende Ruhrrevier.

WILHELM HAUSENSTEIN
Badische Reise

Als ich 1898 von Karlsruhe nach Basel reisen sollte, stieg ich in Offenburg um, auf die Schwarzwaldbahn. Es gab nichts anderes. In Offenburg stieg man um, für die Schwarzwaldbahn; dazu war Offenburg da. Eigentlich hatte ich die Geographie ja im Kopf; aber was waren Geographie und Kopf gegen den so absichtslosen Drang hinein in den Schwarzwald ... So läuft ein Rind in den Stall. Von diesem Brunnentrog aus, von dieser Ecke an gibt es nichts anderes als den Weg zum Stall.

Vom Zweck aus, wenn er Basel hieß, war es falsch, ja grob lächerlich, in Offenburg zur Schwarzwaldbahn umzusteigen. Richtig war es nur vom Lebens-Logos her. Heute, in diesem Sommer der Heimkehr für vierzehn Tage, war es vom Logos her richtig und auch vom Zweck; und es war gut, daß beide zusammenfielen.

Nie war ich so begierig, eine neue, unerhörte Landschaft zu sehen, wie ich nun begierig war, den inneren Schwarzwald wiederzufinden. Nach Spanien, Tunis, Griechenland, nach Ägypten und Ceylon würde ich ruhiger reisen, als wie ich hinter Offenburg begann, in den Schwarzwald einzufahren. Und ich blieb aufgeregt, während die Wirklichkeit immer vollständiger und immer deutlicher wurde - eine Wirklichkeit, die einen anderen kaum würde aufgeregt haben und die auch mich selbst nicht hätte aufregen müssen, wenn ich sachlich gewesen wäre: denn diese Landschaft war eine einfache und stille Mitte, nicht begeisternd wie der Wahnwitz der Tiroler Steingebirge, nicht nach dem Unendlichen, vollends Unendlichen sehnsüchtig wie die Ebene. Aber ich blieb aufgeregt. Das Herz fühlte sich zu

sehr; die Knie waren ein wenig schwach; um die Brust und um den Hinterkopf spannte es, und um den Magen, in den Eingeweiden war ein Gefühl der Angegriffenheit. Zwischen den Knien, die dem Körper zu lose verbunden waren, und den Sohlen, die den Boden fast schmerzlich spürten, schien ein Kettenglied zu fehlen - die Raumlänge des Schienbeins, der Wade war leer. Blöd waren die Augen, wie sie es sind, wenn sie das Außerordentliche erleben sollen; sie waren blöd - und allerdings sahen sie auch Alles, Alles.
Alles! Aber was ist denn da?
Hügelland, nicht wahr, mit Dörfern ohne viel Gesicht; Gras, Acker, ein Obstbaum, ein Bach mit Kieseln. Dann reichen die Berge, Hügelberge etwas höher hinauf, nie ins Phantastische, immer ins Meßbare, ins Menschliche. Sie fangen an, dunklere Kuppen zu haben, ob auch viel mehr hellgrünes Wiesenland da ist, als ich zu wissen meinte, bis weit hinauf. Im Verhältnis zum Unsäglichen der Spannung dürfte ich vielleicht enttäuscht sein ... Es gibt aber einen Stich. Dort steht das erste rechte Schwarzwaldhaus. Es steht mit winzigen Fensterchen. Es steht wie zugebaut. Es steht schier ganz in Holz; die Balken sind teerbraun, sammetschwarz - ihre Oberfläche sieht sich weich an. Das Haus steht unter einem schwärzlich vermoosten Strohdach, das seitwärts bis an den Boden hinabzustoßen scheint und vornüber heruntergeht wie ein langer Knappenschild, der die Augen verdeckt (aber vielleicht sind nicht einmal Augen da, vielleicht sind sie nach außen blind und schauen nur einwärts in die Dämmerung, seelenwärts). Es ist ein rechtes Schwarzwaldhaus, fast ohne die Helle der Tünche; die hellen Fensterkreuzchen sind winzig und wie Litzen schmal. Mir fällt der Schmetterling ein mit den braunschwarzen Sammetflügeln

und der beingelben Borte; der „Trauermantel" fällt mir ein ... Ist dies alles nun nicht höchst merkwürdig und angetan, ein Herz zu ergreifen?

Kritisch gegen mich, skeptisch gegen den Wert meiner Wahrnehmung und Empfindung, würde ich gerne wissen, was sich die andern Reisenden aus diesem Anblick machen. Wahrscheinlich nichts. Ich aber bin erregt; unsäglich bin ich angespannt im Hinschauen auf das dunkle, maskierte Haus, das schwermütig ist, unberedt, in sich eingezogen bis zum Hintersinnigen. Und bei jedem neuen Hof ist es das nämliche. Die Südsee würde mich nicht heftiger erregen: Pfosten mit Zinnober, chimärisch geschnitzt; das blaue, das violette Meer; enorm in Kraft, Fülle und Form das gewachsene Grüne; die Früchte in Goldgelb, Scharlach, Karmin und Lila; die Buntheit der Wege; ein schwarzer Fels vor einem purpurnen Himmel ... Das Falbe vor dem braunschwarzen Haus aus Samt ist eine Schicht Kleinholz zum Feuern; das Falbe ist das Beingelb der Borte des Trauermantels; das Schwarzwaldhaus ist ein Katafalk. Es ist Ursache da, in den Knien zu zagen ...

Ich halte mich ans Fenster der Waggontür, verliere mich in Gedanken, die absonderlich werden; ich spinne ... Aber schon ist es Zeit, nach Wolfach umzusteigen. So klein ist die Unendlichkeit der Entfernungen, in denen das Kind hier oben die Kleinheit seines Lebens schier schon verloren glaubte.

EVA BERBERICH

Das Lied zum Land

Auf eine Immernoch-Gegend

Immer noch fast wie zum Malen
der Blick bergwärts und in die Ebene
wenn man nicht so genau hinschaut

Immer noch lohnend blitzt wie sichs
gehört für einen Rhein der Rhein
rollt sehr schön die Sonne
durch schwarzknotige Rebstöcke
hinter ehemals feindliche Berge
gegen die immer noch tapfer
und heiser anbrüllt
manch sturer Löwe aus Stein

Immer noch
buckeln Weinberge gefällig
von heiteren Schlössern
schießt man mit Kanonen
auf angeheiterte Spatzen
Der Öchslegrad steigt

Immer noch
zeigt das Land wenns friert
sein Hexengesicht und tanzt
aber nicht aus der Reihe
macht Sprünge und Sprüch

Immer noch möglich
ein Gespräch über Immernoch-Bäume
wenn man sich eilt
Doch ihre schimmernden Libellen
ihre blauschattigen Quellen
hat sie mitgenommen
in stillere Wälder

Die schöne Melusine
ist fortgegangen

Es geht aber auch ohne

Ansonsten gibts hier jetzt
einfach alles
Pampasgras zum Beispiel
Kirschen japanisch
und was schnell geht
Die paar krummen Nußbäume
bringen keinen auf krumme Gedanken
Treu und Redlichkeit
übt man hier nicht

Man kanns

Hier ist man immer noch gut
Immer noch ist hier gut sein

Drum kommt man sich auch immer näher
baut Hütte auf Hütte

Fortschrittlich besetzen die schon
die letzten Hänge und Wiesen
Da bleibt kein Storch
und kein Rest nichts leer
und nichts liegen hier gehn
Gleichungen restlos auf

Es wachsen die höheren besseren
stärkeren Türme die zweckvollen
Hallen die nützlichen Zentren
die schönen Gehege die sind auch alle
freundlich gestrichen sie wachsen
bis gar nichts mehr wächst

Zahlreicher rollen und schneller
die freien die immer freieren
Wagen frei durchs Gelände
Halli hallo wir fahren
durchs Land das geht uns bald aus
Aber der Wagen
der rollt

Hier hinterläßt man
immer tiefere Eindrücke
Hier macht der Bach
längst keine Umwege mehr
Ist einer von gestern
gehts mit ihm nur noch abwärts
Auch die Straßen
halten sich immer gerader

sind nicht zu bremsen
Und wozu lahme Enten dürftige Igel
in dicht besiedelter Zeit

Unters Rad kommt
wer trödelt
Hier legt man Hände
nicht in den Schoß
Freundliche Aufforderungen zum
Mitklatschen befolgt man freundlich
lächelt den Ecken zu die man schleift
rundet was scharf ist gefällig ab
Mit artigem Mund
macht man Gedichte mit Reim

Was bleibet aber
stiften die Dichter nicht

Ein schöner
doch immer noch
kein ganz schöner Land

Immer noch keine Ufos gesichtet
Immer noch einiges Durcheinander
in Wolken und Schrebergärten
Immer noch ein paar Schmetterlinge
im Umlauf ein paar Bienenvölker
am Summen immer noch nicht aufgeweckt
ein verschlafenes Nest

Immer noch streicht Vogesenwind
sanft dem Abend durchs Haar
Weht aus dem Schwarzwald der hm hm hm
in unser guts Stübele
Immer noch halten sich ein paar
Pfaffenhütchen mit Gottes Hilf
ein paar Haubentaucher immer noch
ziehn grünfüßige Teichhühner
silberne Streifen im schwarzen
Altrheinwasser hinter sich her

Immer noch was
regt sich
doch das legt sich

Immer noch
der alte Judenfriedhof
Ein Name ein Ort
In der Umarmung der Mauer
Steinblüten welken den Wurzeln zu
Lied sanfter Bögen
das immer noch stört
geht leise verloren

Immer noch
aber dem machen wir Beine
steht der Herbst still im Nebel
schaut sich nach der Zeit
die ins Land zurückeilt nicht um
und kickt mit Kastanien

Möglich immer noch
daß in glänzender Luft
plötzlich ein rotes Blatt
über den faulenden Planken
der alten Holzbrücke schwebt

Daß hier und da
doch damit räumen wir auf
zwischen hell ausgeleuchteten Winkeln
ein vergessener Schopf gähnt
Die alte Schönheit
eine verfallende Scheune
mit Maiskolbenketten behängt

Aber das kriegen wir
auch noch hin

Warte nur
balde
geht es uns endgültig gut
Das goldene Sonnenmännchen
lächelt
und lächelt
und baut immer schönere Dörfer

URSULA FLÜGLER
Begründung für einen Wohnort

Nach Westen hin
lebe ich, immer
der Ebene zu-
gewendet, dem

Einfalltor für
das Licht.

Der Schwarzwald
im Rücken bleibt
unübersteigbar.

Der Dunst
über der Ebene
heißt Frankreich,

nicht mehr Feindesland.

Der Friede ist hier
ein Glück, an das man
erinnert wird durch

das Kriegerdenkmal
in jedem Dorf

diesseits und jenseits
des Rheins.

REINHOLD SCHNEIDER
Schicksal und Landschaft

Das Erschütternde ist der Blick auf Straßburg, der Blick über den Rhein, in das Sonnenrot des Abends, in dem die Vogesen schwarz und mächtig werden und der Schattenriß des Münsters erdämmert. Dieser Blick gibt der Schönheit des badischen Landes zwischen Strom und Schwarzwaldhöhe erst das Einmalige: die Gleichzeitigkeit der Fülle und der Gefahr und damit den tiefsten Reiz des Lebens. Nicht der Rhein ist es, der dies Landschaftsbild beherrscht; denn hier hat er nichts mehr von der stürmischen Kraft, mit der er vom Bodensee unter der alten Holzbrücke von Säckingen hindurch gegen Basel schießt, und noch nichts vom Zauberschimmer der Burgen, die von Bingen bis Bonn seine Ufer schmücken: hier, in der großen Ebene zwischen Offenburg und Karlsruhe, ist er ein schweigsames Ereignis. Nur die Pappeln der Altwässer scheinen von ihm zu wissen, und die Enten, die sich am glühenden Mittag widerwillig aufschwingen aus Sumpf und Schilf; ein leises Brausen zeigt ihn dem Näherschreitenden an; dann, wenn die letzten Weidenzweige sich teilen, enthüllt sich die Größe des verborgen ziehenden Stromes, den diesseits wie jenseits Pappeln und Weiden begleiten, keine Straße, kaum ein Weg. Nur ein winziges Fischerhaus steht am Ufer; und es kann nirgendwo stiller sein als hier im Anblick des stillen, tiefen, rätselhaft grünen Stromes, der seines Weges zieht wie das Schicksal: unaufhaltsam und schweigend.

Aber dann, wenn die Glut des Tages gebrochen ist und ein erster Schatten auf der landeinwärts führenden Straße liegt, dann geht die ganze Größe der Landschaft auf: sie ist ein einziger machtvoller Anstieg von der Stromesniederung über die wogende Ebene und ihre versinkenden Dörfer, über die Weinberge und Weindörfer, die Burgruinen, die auf der Grenze zwischen Weinstock und Laubwald stehen, die breiten üppigen Laubgewölbe der Kastanien, Buchen und Eichen, die dunkle Schwere der Tannen bis zum kahlen Kamm des Gebirges. Und in diesem Steigen und Drängen von der Ebene zum Rebgelände, vom Rebgelände zum Laub- und Tannenwald ist die ganze Fülle dieses Landes gefangen: der bunte Reichtum der Bauerngärten zwischen engen Zäunen, das blendende Weiß der Häuser und das tiefe Grün der Läden, die bis spät in den Abend geschlossen bleiben; die königliche Breite der Dorflinden, über die der maßlos glühende Sommer des Weinlandes einen farbigen Schleier wirft, nachdem kaum der Bienenschwarm verstummte im Gezweig. Rose, Kirsche und Herbstgeleucht scheinen kaum durch einen Tag getrennt; aber erst wenn das Rot und Gelb, die noch allein in der Gartenfülle flammen, die Rebhügel gewinnen und die Sonne, bis ihre letzte Kraft an den Vogesen zerbricht, noch immer an den Stöcken zur Reife treibt, dann beginnen die überschwänglichsten Tage der Landschaft. So steht, im höchsten Sommer, noch das Größere bevor; und das Jahr steigt so sicher an wie das Land zwischen Strom und Schwarzwaldhöhe.

Aber unter dieser Lieblichkeit wohnt das Schicksal: nie ward es reicher überkleidet, nie inniger mit der Landschaft verbunden. Denn zahlreich wie die Heere der Rebstöcke, die am Fuß der Burgen steigen und fallen, ist das Heer der Toten in der Erde; und wie die Blüten gehen und kommen im Ring der Jahreszeiten, so kamen und gingen die Dörfer im furchtbaren Kreislauf der Kriege. Sie hatten wieder und wieder ihren

Herbst, der sie aufzehrte im Flammenrot; und wie sie erstanden und sanken auch die Burgen: Lauf und Windeck über dem Bühler Tal; Yburg, Eberstein und Hohenbaden vor dem Tale von Baden. Endlich wurden die Burgen des Spieles müde; sie erhoben sich wieder aus dem Trümmerschutt des Dreißigjährigen Krieges, doch sie erhoben sich nicht mehr, nachdem die Soldaten Ludwigs XIV. den Brand in sie geworfen. Nun gewähren sie Efeu und wilden Rosen eine Heimat; oder Lilie und Rittersporn blühen in kleinen Beeten um den Brunnen; und es ist wieder der tiefe, täuschende Friede im Gemäuer, der auch unten über dem Strome liegt vor dem Fischerhaus. Denn das Schicksal wird leise, es ist allgewaltig, alles durchdringend; es bedarf keines Zeichens mehr, nicht mehr des Sturmgeläuts und der aufschießenden Fackeln; im stillen Wachstum der Blüten, Früchte, Äcker und Bäume scheint es zu leben und zu treiben; diese ganze Fruchtbarkeit ist die Fruchtbarkeit leidenschaftlich umkämpften Bodens; dieses Idyll entfaltet seine Stille mitten in der Tragödie.

Der stillste unter allen Schicksalszeugen ist die Burg von Lauf: dort grünen die Edelkastanien aus weichem Rasen auf im einstigen Rittersaal; und die Frauen der letzten hochgelegenen Bauernhäuser finden sich im Schatten der Kronen und des alten Turmes an einem Sommernachmittag zusammen mit ihren Körben und Schüsseln, um Bohnen zu putzen; sie reden, während die Sonne draußen vor dem umwucherten Wall eben den Kamm der Vogesen erreicht: einer erzenen, unüberwindlichen Schranke. - Zuzeiten fällt es den Bauern ein, unter den alten Mauern nach Schätzen zu graben; sie alle glauben an Geister und verborgene Reichtümer, vielleicht an die Schatten gefallener Führer, an vergessene Beute. Denn hier in einem der stillsten Dörfer fiel Turenne; und für wieviel Namenlose war diese Lieblichkeit der letzte Blick auf die Welt? Aber wenn die Bauern dann die Erde aufwühlen unter den Edelkastanien von Lauf, so finden sie vielleicht eine Schwertklinge oder einen eisernen Handschuh, ein paar Panzerringe oder Kugeln: langsam versinkende Zeichen des ewigen Schicksals.

Wer einmal dem Auf und Ab dieser weinbegrenzten Hügel folgte, im Schatten der Edelkastanien lag und den Blick tat auf die rote Münsternadel, die oft verschwimmende und schattenhaft und zu andern Zeiten überwirklich nah aus dem Dunst der Ebene steigt, der wird das Gefühl dieses Schicksals nicht mehr los. Denn um das Recht, Straßburg, die wunderschöne Stadt, anzusprechen als Eigentum, gingen die furchtbarsten Kämpfe der neuen Zeit; und unzählige fielen für sie, die niemals den roten Stein aufglühen sahen am Abend und niemals lauschen durften dem verhaltenen Chor ihrer steinernen Figuren. Und wer sich der vorübergewanderten Heere erinnert in der unergründlichen Stille der Landschaft, der nichts fremder scheint als das Dröhnen der Kanonaden: der wird endlich Schicksal und Landschaft lieben, unbekümmert selbst um Recht und Unrecht und vererbten Haß; er wird die Erde ergreifen, auf der er steht, und mit ihr auch ihre Forderung: die ewige Tragödie. Denn wie es wächst und reift auf den Hügeln und auf der Fruchtebene unten, so treibt auch das uralte Verhängnis unüberwindlich fort: ein Wille, dem wir verfallen sind; die erschaffende und vernichtende Kraft unserer Erde.

EVA BERBERICH
Tausch

Nicht die Wohnung. Nicht den Partner. Keine Ringe. Keine Trikots. Das kennen wir. Ich träume von einem Tausch in größerem Stil, da hätten viel mehr viel mehr davon.

Unsere Schwarzwaldberge sind hier schon so lang so verwurzelt, daß keiner mehr richtig hinschaut, niemand in Begeisterung ausbricht: Schau, die Geroldseck! Wie wunderbar heute der Langenhardt! Mein Gott, diese Hornisgrinde!

Nein, wir tauschen sie aus. Schwarzwaldlose Mitwesen sollen auch was davon haben und wir etwas von ihren Höhen und Tiefen und Ausblicken. So erweitern wir unsere Horizonte durch ganz neue Ansichten. Wenigstens eine zeitlang. Dann jedem wieder das Seine.

Gibst du mir deinen Kilimandscharo, geb ich dir meinen Brandenkopf. Der Kilimandscharo macht dann ein paar Wochen hier Urlaub, jenseits von Afrika, die Moos links, das Hohe Horn rechts. Oder andersrum. Unsere schwer angeschlagenen Tannen schnappen, bevor sie dann endgültig hin sind, nochmal eine andere, vermutlich bessere Luft, Henkersluft, in höheren Lagen, jenseits vom Schwarzwald. Die werden staunen.

Rüstige Kilimandscharowanderer besitzen, ich seh es ganz deutlich vor mir, die hölzernen Bänke des Schwarzwaldvereins. Und den Aufschrei der vielen Schilder: Keine Colabüchsen wegwerfen! Nicht zündeln! Menschen, Tiere und Pflanzen ärgern verboten! halten sie für einen lieben Gruß freundlicher Menschen im fernen freundlichen Deutschland. Voll Rührung betrachten sie die geheimnisvollen Schriftzeichen und genießen dann erschöpft und zufrieden den gewohnten Blick in die weite

Ebene. Die ist ihnen ja geblieben. Der Schutterlindenberg wird nach der Weinernte getauscht gegen einen Berg in den wilden, wilden Karpaten, mit allem, was da kreucht und fleucht, vor Knoblauch reißaus nimmt und blutigspitzige Zähne in bibbernde Hälse schlägt, in der Nacht, wenn Dracula kommt. Live! Wie lieben wir fremdes Grauen!

Wir geben, wenn die dort mögen, auch eine Hex von uns dazu, eine von Dasenstein oder von Gengenbach oder die Offenburger mit dem Tropfen unter der Nas. Auch könnten sie das Ortenberger Schloß kriegen und einen Trimmdichpfad, daß was Rechtes aus ihnen wird, und, warum nicht, eine unserer schnellen Straßen, einen unserer lebendig begrabenen Bäche. Auch wir haben Schlimmes zu bieten! Der Bach könnte sich ja gewöhnen an seine neue überirdische Umgebung, der bäte vielleicht sogar um Asyl, aber das muß man riskieren.

So kommen wir auch leicht zu einem Stück vom Ngoro-Ngoro-Krater. Oder zu ein paar Kilometer wüstester Sahara.

Ich beschaue mir dann, auch das sehe ich schon vor mir, die vertraute Rheinebene und auf einem Hügel das Mahlberger Schloß. Aber die Rheinebene ist nicht die Rheinebene. Goldfarbene Sandwellen rollen langsam auf das Schlößchen zu. Und sein Besitzer sitzt ein paar Wochen auf dem und mitten im Trockenen und wäre froh, er hätte wenigstens ein paar von den guten Sachen auf dem Tisch, die er einem sonst so vermiest. Wie sein Magen knurrt!

Gut macht sie sich auch, die kleine Zebraherde auf dem Meisenbühl. Andächtig hört sie auf St. Wendels Wort, mit gespitzteren Ohren als unsere aufgeklärten Pferde und Reiter. Ja, das kommt von den Streifen!

Und Bulli, der sehr liebe Boxer, ist glücklich wie nie zuvor. Gute Gespräche führt er nun auf seinem täglichen Kinzigdammrundgang mit einem ebenfalls sanftmütigen Gnu. Sie sagen sich Freundlichkeiten, sie versprechen sich, aneinander zu denken, später, wenn alles wieder ist, wie es war. Wenn der Mond hinter die Vogesen rollt oder hinter den Kilimandscharo.

Manchmal ist auch das Schaf des kleinen Prinzen dabei. Vorausgesetzt, es kommt raus aus seiner Kiste und die beiden lassen es nicht fehlen an Zartgefühl. Es ist so leicht verletzbar, dieses Schaf!

Abends, so gegen sechs, kühlt eine anmutige Antilope ihre Hufe im Großen Deich, unten an der Kinzig, und lächelt ihrem Spiegelbild zu. Ich sitze daneben, ich oder eine bildschöne großgewachsene Massaifrau. Ich höre das helle Klirren, wenn ihre silbernen Halsringe aneinanderschlagen. Sie bringt mir bei, aufrecht zu gehen. Und nun weiß ich auch wieder, wie es ist, wenn man den Kopf hochhält, wenn man sich sein Wasser selbst holt gegen den Durst. Das vergißt sich leicht.

Doch kommt es drauf an, ob wir den Großen Deich hinoder ob die Massai Antilope und Frau hergeliehen haben. Ich blicke da im Augenblick nicht so recht durch!
Was gewinnen wir nicht alles durch solch einen Tausch.
Wir sind bereichert um die heiße Flimmerluft im Durbachtal, um weiche, runde Dünen auf der Bottenau, in deren warmen Sand wir unsere blassen Zehen bohren können. Wir wissen auf einmal um bisher ungesehene, ungemalte, unbesungene Ockertöne, um die seltsamen Rhythmen anderer Sprachen. Der härtere oder weichere Klang fremdartiger Laute stört uns nicht mehr. Unsere entwöhnten Ohren haben sich wieder mit Stille gefüllt, unsere Augen mit Weite und unverstellten Horizonten,

und unsere Träume wiegen uns machmal wieder in Unsicherheit. Ein paar kleinere Sandstürme lehrten uns, ab und zu den Mund zu halten zu unserem Besten, vielleicht wäre ein großer noch besser gewesen. Hören und Sehen, sie sind uns eine zeitlang vergangen.

Ja, und dann kommen uns Hören und Sehen wieder zurück. Dann geschieht es, vielleicht:

Jemand steht auf, sagt etwas, ein Wort, ein paar Sätze, wie sie noch keiner hier gesagt hat, oder schon lang nicht mehr. Eine singt was, einer malt was, so hat hier noch keiner gemalt, noch keine gesungen. Eine tut was, einer unterläßt was auf eine hier neue, unbekannte Weise. Und jemand geht die Treppe so hinunter, daß alle aufmerken, oder schüttelt den Kopf, so ein Kopfschütteln gab es noch nie. Jemand lächelt und man weiß, was man schon immer tun wollte und man steht auf und fängt damit an. Und das alles, weil unsere Augen, unsere Ohren Weite und Stille erfuhren, weil wir gesehen haben, wie es ist, aufrecht zu gehen, und weil ein kleiner Sandsturm uns zwang, endlich den Mund zu halten, weil wir uns wiegen konnten in Unsicherheit.

So wird es sein. Vielleicht. Vielleicht auch nicht. Wohl eher nicht. Wie ich uns kenne - ich lebe schon lange hier - wird alles eben doch bleiben, wie es war, wie es ist. Und wir tauschen nicht. Wir geben nichts her. Wo kämen wir denn da hin.

Darum werden uns Hören und Sehen nicht vergehn. Darum werden wir uns weiter in Sicherheit wiegen. Und bleiben, verbleiben mit freundlichem Gruß auf gewohntem Standpunkt und liebgewordener Ansicht beharrlich beharrend.

OTTO FLAKE
Schloß Ortenau

In der nachfolgenden Passage gibt Ewald Sparre, der Ich-Erzähler in Flakes Roman, seinen Eindruck der Wirtschaftswunderzeit im Oberrheintal wieder (Hrsg.):

Die Freude am Wagen wurde durch seine Häufigkeit verringert. Die Produktion lief nun auf vollen Touren; die Gefahren, das Risiko, die Unglücksfälle nahmen mit jeder Woche zu. Durch die langgestreckten Orte an der Überlandstraße zu fahren, war eine Qual; an den Häuserwänden fing sich der Brodem aus Staub und Benzin. Ich atmete jedesmal auf, wenn ich abzweigen konnte, ins Seitental, zum Schloß.

Aber seine Lage bot nur Schutz vor den Maschinen der Straße, nicht vor denen der Luft. In diesem Jahr wurde es offenbar, daß für die Orte zwischen Gebirge und Rhein ein neues Zeitalter begann. Monate hindurch hatte man die Obstbäume umgelegt, die Wälder ausgerottet, die Wurzeln gesprengt, Rollbahnen und Kasernen gebaut. Die Düsenjäger waren da und übten jeden Tag. Die paar Kilometer Entfernung bedeuteten nichts; es war, als grolle da draußen ewig ein Gewitter, man hörte es auf dem ganzen Schwarzwald. Der Schwarzwald sank nie mehr in die Stille des Winters oder in die der Nacht zurück. Eine Dimension der Freiheit war dem Menschen verlorengegangen, der Himmelsraum über ihm, er hatte einen dröhnenden Rangierbahnhof daraus gemacht. Es dauerte Monate, bis ich nicht mehr zusammenzuckte, wenn diese Jäger wie heulende Torpedos über das Schloß rasten.

WOLFGANG GUHLE

Hornisgrinde

Der stumme Wald
in dem kein Vogel singt
der kahle Kopf
auf dem der Tod matt glänzt
der bleiche Schein
über brüchigem Grün
Hornisgrinde
Vision der Wirklichkeit

Im Todeshauch
der goldenen Geier
im Fadenkreuz
des Atems der Städte
im Schwarzen Wald
der vor den Särgen brüllt
Hornisgrinde
erster Tag des Endes

In dieser Zeit
blöde lächelt das Land
auf diesem Berg
kopflos liegt die Katze
im Lande der Geier
laßt Taten geschehen
Hornisgrinde
Warnung aus dem Morgen

WENDELINUS WURTH
Heimet so nett — 1983

De Wä in s Feld nus isch hit teert
wil mr uf sell wu lang hebt schweert.
D Storchenester sin alli weg -
wenn doch eins willsch - gehsch halt zum Beck.
Ä Gumbe mit Libelle un Fisch
frieger dert wu hit s Schwimmbad isch.
Willsch hit mol zu de Linde hi
am Lindeplatz - isch si mol gsi.
Frieger de Bach mit Bisch un Baim
kanalisiert jetz - beesi Traim.
Wer hiztags noch ä Heimet brucht
sell isch bloß ä ganz armer Tropf.
Seller wu immer noch eini suecht
findt si am End bloß noch - im Kopf.

JÜRGEN STELLING

Postkarte

Aus dem süddeutschen
Labyrinth
dem Irrgarten
dem Paradiesgärtlein
dem Gewürzgärtchen
aus der Vorgartenlandschaft
der Landschaft
mit Lärmschutzwall
aus dem Land
der freundlichen Menschen
und der günstigen
Bauplätze
die besten Grüße:
wir leben noch?

BERNHARD KÖLMEL
OFFENBURG
Die Perle beginnt an Glanz zu verlieren

Der Badener unterscheidet „Badische" von „Unsymbadischen". Zu den „Unsymbadischen" zählen zweifelsfrei diejenigen Zeitgenossen, die, auf die Stadt Offenburg angesprochen, regelmäßig Offenbach verstehen. Vorbereitet auf solche Wissenslücken, beginnt dann der Offenburger, Karlsruhe im Norden und Freiburg im Süden im Gedächtnis der Ahnungslosen wachzurufen. Und wenn das auch nichts nützt, bleibt ihm nur noch der Hinweis auf Straßburg und Europaparlament, der Nachbar Offenburgs jenseits des Rheins im Westen. Helfen auch diese Begriffe nicht, bevorzugt es der Offenburger, sich in reine Heimatverbundenheit zurückzuziehen.

Offenburg ist die „Perle der Ortenau", sagen die Offenburger. Etwas anderer Auffassung sind die außerhalb der Kernstadt Offenburg lebenden Ortenauer, die um den Preis einer örtlichen Turn- oder Leichenhalle ihre Selbständigkeit hergaben und sich eingliedern ließen. Dies geschah in der Zeit von 1971 bis 1975 mit generalstabsmäßiger Planung. Elf sogenannte Randgemeinden gingen in die gut beköderten Reusen des Offenburger Rathauses und mehrten die Einwohnerzahl der Stadt sprunghaft von dreißigtausend auf einundfünfzigtausend Bürger. Die Gesamtfläche der Stadt verdoppelte sich zu einer hübschen Einfassung der ehedem beengten Ortenauperle. Das anvisierte Ziel war erreicht, nämlich weitläufigen Raum für Industrie bereitzustellen, die, mit steuerlichen Begünstigungen angelockt, dann auch reichlich eintraf. Neuerlich machen sich die Wohltäter der städtischen Gewerbesteuerkasse vereinzelt wieder auf den Weg. So jedenfalls sehen es besorgte Bürger, die sich über die Zukunft ihrer Stadt Gedanken machen. Franz Burda und sein Verlag, der für die Offenburger Geschicke geradezu seismographische Bedeutung hat, ließ bedeutsame Teile seiner Redaktionen nach München umziehen. Für die Ortenau sind Spitzenkräfte des Verlagswesens kaum zu interessieren, und was Illustriertenseiten füllen soll, findet ohnedies nicht innerhalb der mittelalterlichen Wehrmauern Offenburgs statt. Der „Provinzialismus" der ehedem so anziehenden Ortenaumetropole mußte hier vor klangvolleren Adressen zurücktreten. Für andere Unternehmer läßt die Infrastruktur gewisse Wünsche offen, die Einwohnerzahl sinkt langsam, aber beharrlich, und der Lüster der „Ortenauperle" beginnt im irisierenden Licht des Rheintalhimmels etwas an Glanz zu verlieren. Die Tage selbstverliebter Zustandsbeschreibungen wie „Offenburg - das mittelbadische Industriezentrum" wurden seltener. Die Folgen eines ungestümen Wachstums finden derzeit mehr Aufmerksamkeit. Vieles, so weiß man heute, ist in den Jahren des Aufbaus zu groß geraten, steht am falschen Platz oder erfüllt nicht seine Funktion und wirft nur lange Schatten.

Ein von Industrie zersiedeltes Umland, vielfach unzufriedene Bürger in den Randgemeinden, die sich aus dem Offenburger Stadtsäckel mehr erwartet hatten, und ein Bürgermeister, der unter den „Hochzeitsgeschenken" stöhnt, die zur Willensbildung bei den Eingliederungsverhandlungen unentbehrlich waren, lassen den Handstreich aus den siebziger Jahren heute in gedämpfterem Licht erscheinen.

Am Fuße des Schwarzwalds gelegen und im ferneren Westen eingesäumt von den Rheinauen, die unter Biologen und Botanikern als Dorado wundersamer Entdeckungen geschätzt sind, ist

Fremdenverkehr auch in Offenburg die magische Formel. Jedes Jahr schreibt er ein Plus in seine Statistik. Geht der Einheimische am Samstagvormittag über den Wochenmarkt, ist der singende Dialekt Offenburgs von Mundarten aller deutschen Provinzen durchwirkt. Das Badische bekommt folkloristischen Seltenheitswert. Zahlreiche Ruheständler aus allen Teilen der Republik und aus dem anderen Teil Deutschlands, die im milden Klima der Ortenau ihre Rente verzehren, halten die Erinnerung an die verlassene Heimat, so scheint es, mit Heimatsprache wach. Der Offenburger nimmt es gelassen. Er weiß, wem Offenburgerisch nicht schon in der Wiege gesungen wurde, lernt es ohnehin nicht mehr. Die ehemaligen Randgemeinden haben ebenfalls ihren unverwechselbaren Dialekt, und so kommt ein beträchtliches Sprach- und Klanggemenge zusammen, bei dem sich die unentbehrlichen Stammtischphilologen bis heute nocht nicht über die Bedeutung einzelner Wörter und ihrer richtigen Aussprache einig sind.

Die Zeiten, in denen die Bauersfrauen von den höheren Schwarzwaldhängen und dem rheinwärts gelegenen Ried nachts ihre Früchte auf den Wochenmarkt zogen und sie dort mit demutsvoller Gebärde und Selbstgenügsamkeit anboten, sind noch nicht ganz dahin. Trotzdem muß man sich selbst in Perioden landwirtschaftlicher Überproduktion - und die Ortenau ist ein Landstrich, auf dem es blüht und gedeiht - vor Massenware aus nördlichen Treibhäusern hüten. Wo früher die „Höken" mit einem Körbchen Bohnen, einem kunstvoll geflochtenen Zwiebelzopf und ein paar rostigen, weil ungespritzten Äpfeln auf dem Gehsteig lagerten oder auf einem windschiefen Holzkistchen saßen, betreiben heute mancherorts „Profis" ihr Geschäft, die sich auf Großmärkten eindecken und von der traulichen

Idylle profitieren wollen. Türken und Italiener, die sich in Offenburg nahezu problemlos integriert haben, bedienen den in seinen Lebensgewohnheiten recht konservativen Offenburger mit roten Kartoffeln, gelben Courgetten und grünen Tomaten. Auch Knoblauch wächst dem Offenburger nicht mehr ausschließlich zur Abwehr von Vampiren.

Der Fortschritt ist nicht aufzuhalten. So auch unter den Winzern, die jedes Jahr die trinkfreudige Bevölkerung mit Meldungen von Mißernten in Panik versetzen und zu gleicher Zeit ihre Bestände zu Liebhaberpreisen auf dem Markt lancieren, damit auch das letzte Faß für den Ertrag der neuen Lese gefegt ist.

Sind die süßen ortenauischen Trauben erst in den Keller geschafft und gekeltert, erklingt auch regelmäßig Entwarnung. Wieder ist die Gefahr von brotlosen Winzern und am Durst dahingegangenen Ortenauern für ein Jahr abgewendet. Die französische Konkurrenz jenseits des nahen Rheins, die sich mit ihren trockenen „Zwicker"- und „Riesling"-Kreszenzen den jüngeren und in verstärktem Maße der schlanken Linie verpflichteten badischen „Winschlotzer"-Generationen empfiehlt, hält die ortenauischen Zunftgenossen zusätzlich auf Trab. Schnell ist der „Franzosenwein" über die Grenze gebracht, und er hat so manches Jahr den einheimischen Winzern mit Kampfpreisen Sorge bereitet.

Der Ortenauer läßt sich nur ungern ein Geschäft aus den Händen nehmen und schon gar nicht von den nur mäßig geliebten Elsässern, die traditionsgemäß rechtsrheinische Eß- und Trinksitten unauffällig aber beharrlich verfärben. Darüber hinaus zieht es die zahlungskräftige Ortenauer Jeunesse geradezu träumerisch von den Herden der badischen Köche hin zu den

Schamanen der Nouvelle Cuisine, die sich nicht nur zahlreich im Elsässischen niedergelassen haben, sondern da und dort auch schon in die Sprengel badischer Gastronomen einsickern. Das will man nicht so hinnehmen, und so erscheinen auf der Vesperkarte ländlicher Gasthöfe, die dann Menükarte heißt, neben Schnitzel mit Pommes frites in ihrer ganzen Variationsbreite auch schon einmal die Hechtklößchen oder die Jakobsmuscheln, die bis zu ihrer Wiedergeburt auf dem Tisch des erstaunten Gastes sich im Aggregatzustand des Tiefkühlschlafes befanden. Den „Flammekueche" ißt man in Offenburg so gut wie am Vogesenrand. Probieren geht dem Ortenauer allemal über studieren. Er probiert pausenlos und allerorten - und wer oft zielt, trifft irgendwann auch ins Schwarze.

Der Offenburger hält als knitzer Badener nicht viel von Obrigkeitsdenken. Er sagt sich: „Gehe nie zu deinem Fürst, wenn du nicht gerufen wirst." Er mehrt seinen Besitz im verborgenen, und dem Fiskus ein Schnippchen zu schlagen ist Ehrensache. Daran halten sich auch die privaten Schnapsbrenner, bei denen in der Brennsaison auch nachts der Kamin qualmt, während sich das feine Aroma des heimischen „Obschtlers" in Nachbarhäusern ausbreitet. „Savoir vivre" ist die Regel. Wer Geld hat, zeigt es nicht, und wer keines hat, spricht nicht darüber, und auf diese wundersame Weise sitzt man immer am gleichen Tisch zusammen und prostet sich zu. Beim Klingen der Gläser wird auch manches unhörbar, was den Eindruck einer heilen, in sich selbst ruhenden Gemeinde stören könnte.

Offenburg und seine Juden ist eines dieser Themen, bei denen es ernst wird. 250 jüdische Bürger wohnten 1931 hier, und wer von ihnen die Zeichen der Zeit nicht frühzeitig er-

kannte, wurde 1940 „abgeschoben". Nach Offenburg ist keiner der jüdischen Bürger zurückgekehrt. Damit war das Thema Juden zunächst kein Thema mehr. Erst in den siebziger Jahren begann ein vom Norden zugereister Historiker die jüdische Geschichte Offenburgs im wahrsten Sinne des Wortes auszugraben. Tief im Erdreich der Kernstadt fanden sich die Gemäuerreste eines um 1300 erbauten Judenbades, das nach kunstvoller Restauration nunmehr letztes Monument einer mehrere Jahrhunderte währenden Anwesenheit jüdischer Mitbürger ist. Die ehemalige Synagoge, heute Magazin eines Warenhauses, schreibt die einprägsamste Geschichte der Offenburger und der Offenburger Juden: Das um 1700 erstellte Gemäuer diente zunächst einem großbürgerlichen Gasthof mit Namen „Salmen". In eben diesem „Salmen" traten 1847 Hunderte von badischen liberalen Demokraten zu der historischen „Offenburger Versammlung" zusammen, um ihre Forderungen nach Presse-, Vereins- und Versammlungsfreiheit, nach Selbstverwaltung, Parlamentarismus und Bildungsfreiheit zu verkünden. Diese Versammlung war die Vorbereitung zur Badischen Revolution. Im Jahre 1875 erwarb die Jüdische Gemeinde das Anwesen, um in ihm ihre Synagoge zu errichten. 1938 zerstörten Nazihorden das jüdische Versammlungshaus - eben das Gebäude, das 91 Jahre vorher erste Verkündungsstätte der sprichwörtlichen badischen Liberalität war.

Dabei ist Radikalität und Schwärmerei keineswegs eine Eigenart alemannischen Wesens. Hier im Schatten des Schwarzwaldes leben noch die Mythen, weiß man von unerklärlichen Wechselwirkungen zwischen Mensch und Natur. Rudolf Steiners Anthroposophie hat im Badischen ihre feste Anhängerschaft. Demeter-Vereine verkünden die gesunde Ernährung.

Wunderheiler machen hier ihre Geschäfte. Der Ortenauer, der in seinem Wesen nicht eben zur Freizügigkeit neigt, greift auch schon einmal tiefer in die Tasche, wenn es darum geht, rätselhafte Extrakte mit nahezu unbegrenzten Anwendungsmöglichkeiten zu erwerben, die im Herbst und im Frühjahr von fliegenden Händlern angeboten werden. Ökologischer Anbau schießt ins Kraut. Was den Vorschriften reinster Lebensführung entsprechen soll, muß bei bestimmten Mondstellungen ausgesät werden. Da beginnen die Grenzen von natürlicher Ernährung und sektiererischem Bekennertum zu fließen. Dämonien, dargestellt in dem närrischen Brauchtum, sind für Offenburg und die Ortenauer keine flüchtige Volksbelustigung. Die Existenz der beschworenen Geister wird nur offiziell belächelt. Sanftes Grauen, das alle Beteiligten und den Fremden sowieso beschleicht, wenn Hexen in Offenburg die Nacht zum Tag machen, ist beabsichtigt. Franz Volk, Arzt und Rechtswissenschaftler, der nach seiner Beteiligung an der Badischen Freiheitsbewegung fliehen mußte und nach seiner Rückkehr 1875 zum Bürgermeister Offenburgs gewählt wurde, schreibt zum Thema „Hexen in der Ortenau": „Soweit ich in die hiesige Hexenwelt zu sehen vermochte, konnte ich keine wahrhaftigen Dämonen entdecken, sondern erblickte nur Menschen."

URSULA FLÜGLER
Offenburger Horaz
Carmen 1,9

Siehsch, wie's Hohe Horn im Schnee steht?
D'Wälder habe grad zu schaffe
mit dem Schnee. Vor lauter Kälte
isch sogar schon d'Kinzig g'frore.

Bei dem Wetter muß mer heize.
Spar ja's Holz net un geh runter
in de Keller, hol die beste
Flasch mit Zeller Spätburgunder!

Laß de Herrgott nur en gute
Mann sein - der soll's Wetter mache.
Wenn der will, dann geht kei Lüftle
durch die Tanne un die Buche.

Musch net frage: was isch morge?
S'Lebe isch so kurz, un jeder
Tag isch g'wonne. Wenn'd noch jung bisch,
dann verlieb dich un geh tanze.

Wenn'd erscht alt bisch, machts kei Spaß mehr.
Jetz isch's Zeit, jetz geh zum Trimme
un vergiß net, wenn'd dei Freundin
hasch am Abend treffe wolle.

So e Hex! Im Eckle hockt se,
meint, mer kennt se net am Lache,
tut, wie tät se gar net wolle -
des isch nur en Trick: die will schon!

PHILIPP BRUCKER
Bähnli ade

Vun wege mit-em Auto fahre! Mir hänn doch friehjer kei Auto ghet. Entweder bisch gloffe oder mit-em Fahrrädli gfahre. Wenn de in dr Ortenau hesch vrreise miän, drno hesch 's Bähnli gnumme. Des isch vun Ätteneminster iwer Ättene uf Orschwiir gondelt oder vun Sellbach im Schuttertal iwer Lohr nus uf Ottne am Rhin. Vun dert isch's widerscht dampft durch d'Rhinewini uf Kehl. Dert hesch könne niwer uf Stroßburg fahre, will dr Tram au iwer dr Rhin gange-n-isch. Sogar bis uf Rastatt bisch vun Kehl us mit-em Bähnli komme un nadierlig au niwer uf Offeburg.

Wämmer numme 's Bähnli noch hätte. Drno brischte jetzt nit sovil Autöli durch d' Gegend kariole un däte nit d' schön Gegend vrstinke und d' griäne Wälder vrhunze. Awer nai! Mir hänn 's Bähnli abschaffe miän. Abgschaiwelt hämmer's, wiä wenn 's e Nixnutz sin dät. E paar hänn sich jo gwehrt domols un hänn sich fir's Bähnli ingsetzt. Awer 's het nix gnutzt. Uf eimol isch's sowit gsin. Johrelang hämmer iwer 's Bähnli bruddelt un gmuddelt, will's uns in dr schmale Stroße vun unserem Städtli fascht an d' Huuswänd druckt het, wenn's doherpfuust isch. Johrelang hämmer-em e Fuscht gmacht, wenn eim 's Trittbrett vum Waggong fascht umgschmisse het, hämmer gmuhlt un döwert, wenn eim 's Gebimbel un s' Pfiffe vrruckt gmacht het.

Jetz isch's sowit gsin, daß-es zum letschte Mol het pfuuse un bimble un pfiffe sotte. Un uf eimol hämmer alli gschluckt un ghielt.

„Bim ... bim ... bim - huu!" het d' Lokomotiv immer gsait,

un des „Bim ... bim ... bim - huu!" hän d' Großmiädere un d'Miädere dr Kinder als erster Usdruck fir „Iisebahn" beibrocht.

Nadierlig het 's Bähnli bi uns z' Lohr nit eifach „Bähnli" gheiße. Wer alli diä Nämme ufbrocht het, sell wurd keiner meh wisse. Si sin vun einere Generation zur andere widerschtgänn wore. Dr „Enteköpfer" het mr friehjer emol zum Bähnli gsait. Villicht isch dr Namme usgstorwe, wo d' Ente uf dr Stroße usgstorwe sin. „D' Bimbelbahn" hänn drno d'Buewe briält, wenn's Bähnli vorbeigrattert isch un d' Lokomotiv e bissili Rauch in selli Wirtsstub ninbloose het, demit selli Hucker dr Hueschte kriägt hänn. „Kaffeemihli" isch au e langi Zit e gueter Namme fir's Bähnli gsin. Des isch wahrschiints doher komme, will d' schwarz Lokomotiv mit ihrem Kamin un dr Ventiller wiä-n-e Kaffeemihli mit-em Triller usgsehne het. Manchmol hämmer numme „Rutsch" zum Bähnli gsait. Des isch schu fascht reschpektlos gsin. „Bimbelbähnli", des het drno alles in eim Wort usdruckt. Do hesch 's Bähnli rattere un rumple un pfiffe un bimble ghört ...

In sellene Zitte het d' Lokomotiv noch e Kamin ghet wiä-n-e kleins Fawrikli. Do het si dr Dampf un dr schwarz Qualm nusbloose, wiä wenn si ei Siggar noch dr andere us dr Lohrer Siggarefawrike rauche miäßt.

Im Packwage isch dr Engelhard gstande. Seller isch us-em Schwäbische gsin, un 'r isch Diener bi dr Middelbadische Iisebahn-Gsellschaft wore. Bi dr Lindestroß isch'r, wenn 's Bähnli vum Riäd her stadtinwärts gfahre-n-isch, schneidig us-em Wage ghopst, het sinni Schell gschwunge un isch vor-em Bähnli hergrennt. Dr wiß Schnurrbart isch-em iwr d' Läfze nabghänkt, daß mir Kinder gmeint hänn, 'r dät-ne bim Nudelsuppese vrschlucke. Dr brun Kittel isch an-em gschlottert, un bim Laufe het dr Engelhard so arg gwackelt, daß d' Schell fascht vun elleinig gschellt het. Des isch nadierlig ebbis fir uns Kinder gsin. D' Buewe sin vor-em Engelhard uf dr Stroß rumghopst, un 's Bähnli hinter-em Engelhard het numme so schnell oder so langsam fahre könne, wiä dr Engelhard mit dr Buewe Meister wore-n-isch. Am „Schlüssel" isch'r drno wider in dr Packwage ingstiege, will-er im Schuttertal zue jo nimmi het schelle miän.

Was im Engelhard sinni Frau gsin isch, so isch diä in alli viär Himmelsrichtunge ungfähr glichlig dick gsin. „Fett", hämmir Kinder nadierlig gsait. Ob mr si vun vorne, vun hinte oder vun dr Sitte angluegt het, mr het gli gwißt, daß-es numme d' Madam Engelhard sin kann. Selli Madam Engelhard het au e Aufgab ghet. Si het im Engelhard jede Middag 's Esse an 's Bähnli brocht. Wenn 's schön Wetter gsin isch, drno sin diä zwei 's Schelmegäßli nuf ge esse. Seller Rain, an sellem wo si hänn nufklettere welle, isch fir dr Madam Engelhard ihr Gwicht e bissili z' steil gsin. Awer dr Engelhard het sich z' helfe gwißt. „Lei anni", het 'r gsait, „i will di nufdroole!"

'S Bähnli het noch anderi Bekannti z' Lohr ghet. Einer vun dr beschte isch dr Dännel us dr Krizgaß gsin. Seller Dännel het mit sinne zwei starke Ochse d' Steiner fir d' Lohrer Baugschäfter un manchmol au Langholz gfahre. Wenn 'r bi sinnem Weg ins Tal im Bähnli begegent isch, drno hänn sich d' Lokomotivfihrer immer e Spaß drus gmacht, so rächt lutt mit-em Dampf z' pfiffe, daß im Dännel sinni Ochse ganz vrgelschtert wore sin. Dr Dännel het jedsmol e Kaiwewuet iwer diä Kaiwe uf dr Lokomotiv kriägt un het noch e Stund später lametiärt un mit dr Geißel noch dr vrschwunde Lokomotiv bätscht.

Wo dr Dännel wider emol ins Dal gfahre-n-isch, do het's dr Zuefall welle, daß grad vorher e Lokomotiv vum Bähnli us dr Schiene ghopst gsin isch un sich iwerzwerch uf d' Stroß gstellt het. Dr Dännel het gmeint, 'r dät nit guet sehn. Drno het 'r glich sinni Ochse zum Stehn brocht, isch uf d' Lokomotiv zuegrennt, het sinni Geißel ghebt un het dem Lokomotivfihrer zuebriält: „So, du Simpel, du! Jetz kannsch dampfe-n-un pfiffe!" Drno isch dr Dännel wider uf sinner Wage ghuckt, het mit dr Geißel klepft, mit dr Zung gschnalzt un isch im högschte Triumph an dr vrruckte Lokomotiv vorbigfahre.

Am-e andere Tag het dr Lindewirt z' Allmeschwiir Hochzit ghet. D' Bähnler hänn denne Mann guet kennt, will dert 's Bahnhöfli gsin isch. Deswege hänn si an sellem Hochzitstag jedsmol, wenn si an dr „Linde" vorbigfahre sin, e Bluemestruß us-em Zügli nusghebt. Jedsmol het dr Lindewirt 's Bähnli anhalte lehn un het denne freindlige Gratulante eins ingschenkt. Mit jedem Schnäpsli hänn si meh gwunke-n-un meh Dampf abglehn un bimbelt un pfiffe. Am Schluß isch 's Bähnli gege dr Owend mitte zwische dr Dörfli stehnbliewe un het d' Hochzit uspfuust.

Friehjer het mr 's Bähnli au noch selwer anhalte könne. „Waart, mr komme gli!", het selli Frau in dr Nochberschaft vum „Rappe" us-em Fenster briält. „I mueß numme noch eins vun dr Kinder fertig anziäge." Jetz het dr Schaffner 's Bähnli nit abfahre lehn, bis des Kind anzoge un diä guet Frau mit ihre Buewe-n-un Maidli ingstiige gsin isch. Oder seller Bue, seller wo in dr Kaiserstroß so noht an dr Rand vum Trottwar gstande-n-isch, will'r prowiäre het welle, ob's Bähnli an-em vorbikommt. Do het 's Bähnli eifach ghalte, wiä wenn d' Lokomotiv Angscht kriäge dät. Awer 's isch nit wege dr Angscht gsin. Dr Lokomotivfihrer isch ganz eifach uf d' Stroß nabklettert un het dem Biewli ganz ordenanzmäßig 's Fiidli vrsohlt. Drno het 's Bähnli wider „Freie Fahrt" ghet.

„Bim ... bim ... bim - huuu!" Des isch's Zeiche vun unserer Kinderzit gsin. Un jetz uf eimol isch's sowit gsin. Si hänn 's Bähnli abgschafft. Eimol isch 's noch durch 's Städtli gfahre, het dampft un graucht un pfiffe-n-un bimbelt. Ich bin neweher grennt un hab e bissili gschluckt. Ich hab an dr Engelhard denkt, an dr Dännel un an dr Lindewirt z' Allmeschwiir. „Bisch uns alles gsin", hawi bim Neweherrenne briält. „Du Enteköpfer, du Kaffeemihli, du Rutsch, du Zügli, du Bimbelbähnli, du Bim ... bim ... bim - huuu!"

JÜRGEN STELLING

Kinzigwehr

nach dem gewitterregen
der unseren balkon überschwemmte
fuhren wir zum wehr
immer am kanal entlang
der regen
hatte den himmel
gründlich gewaschen
am wasser
schlugen die hunde an
und
brausend stürzte der fluß hinab
und natürlich
gab es für jeden von uns
eine portion
vanilleeis

MARTA SCHWARZ
Die Alte und ihr Tod

Niemand in der kleinen Stadt kannte sie so wie wir. Die andern, die, gesättigt von ihrer Norm, ein unbelastetes Dasein pflegen, begnügten sich damit, ihren Kapotthut, ihre lange Nase und ihre langen Röcke zu belächeln. Und was sollten sie auch mehr. Keinem Menschen ist es gegeben, die Angst in der Seele des Nächsten als den vorauseilenden Boten des Dunklen zu erkennen, und also konnte niemand die Alte vor dem bewahren, was im Teppich ihres Schicksals vielleicht schon eingewoben war, geheimnisvoll, unsichtbar und unabänderlich. Auch wir, die sie kannten, vermochten es nicht.

Sie hatte ihr Häuschen weit draußen vor der Stadt, einer kleinen Stadt an der Kinzig. Unscheinbar duckte es sich unter die Obstbäume, ebenso bescheiden wie seine Bewohnerin und ebenso bestrebt, im Verborgenen zu bleiben und sich gegen die Umwelt abzuschirmen. Denn solche Abwehr war ihrem Wesen zugehörig, und so war ihr denn auch die Einsamkeit, in der sie lebte, nicht etwa aufgezwungen, sondern ein Bedürfnis, ein freiwilliges Erleben. Es gab nämlich durchaus Nachbarn hinter ihrem Obstgarten, aber es war keine Nachbarschaft, die von Austausch, und sei es auch nur gegenseitiger Leihgaben oder anderer gelegentlicher Hilfeleistung, sich nährt; es war nur eine räumliche und kalte Nachbarschaft, und es war kein Zweifel, daß weniger die Nachbarn - mochten sie auch durch ihr Unverständnis, dem alles Merkwürdige lächerlich erscheint, die Alte gelegentlich abgeschreckt haben - als vielmehr sie selbst die Entwicklung nachbarlicher Gefühle und ihrer Äußerungen unterbunden hatte. Wenn sie dennoch die Nachbarn in ihr Leben einbezog, so meinte sie damit nicht eine bestimmte Person, sondern allein die vage Möglichkeit einer Errettung, und dies freilich nur so, wie man eine Rettung von jedem zufällig Vorbeikommenden erwarten kann, auf eine also ganz unpersönliche und unsentimentale Weise. Und so wenig wie der seines Weges Wandernde von dem Anruf weiß, der ihn aus dem oder jenem Haus erwarten könnte, so wenig ahnten die Nachbarn etwas von diesem Einbezogensein und noch weniger von seiner Ursache.

Seit langem war die Alte - vielleicht war sie gar nicht so alt, wie diese Bezeichnung, die man ihr zudiktierte, vermuten ließ - unsere Eier-, Obst- und Gemüsefrau. Sie kam an Markttagen mit ihrem Handwagen, über dessen Korbgestell immer ein Tuch gebreitet war und den sie bedächtig vor sich herschob, zum Markt in die Stadt und anschließend in unser Haus. Sei es, daß die langen und weiten Röcke oder die Größe ihrer hageren Gestalt das Maß ihrer Schritte bestimmten, es war jedenfalls ein weitausholendes und mit Überlegung ausgeführtes Schreiten, das so wenig von einer Marktfrau und so gar nichts von Angst verriet. Es war immer das gleiche Bild. Sie kam durch das knarrende Tor über den Hof, einen Augenblick unter dem Küchenfenster verharrend, bis meine Mutter sie an der Hintertür empfing. Es ging dann immer ein Lächeln über ihre Züge, das ihre Schärfe milderte und für eine Weile fast verklärte. Sie liebte meine Mutter. Dann ließ sie sich in die Küche führen. Nie kam sie unaufgefordert nur einen Schritt näher, und Jahre hindurch blieb sie hartnäckig bei dieser halb unterwürfigen, halb würdigen Gewohnheit. Meine Mutter hat es dabei belassen, aus einer gewissen Achtung vor der Eigenart der Person oder auch weil sie sich an dem dankbaren Strahlen erfreute, das der Aufforderung immer wieder mit der gleichen Plötzlichkeit und Intensität folgte wie beim ersten Mal, als dieser merkwürdige Mensch unser Haus betrat. Wenn sie nach dieser Zeremonie in der Küche saß, die eigens für sie immer bereitgehaltene Kaffeetasse ungewöhnlichen Ausmaßes vor sich - sie hielt sie immer mit ihren beiden Händen fest umspannt, als müsse sie sich in jeder Minute ihres Hierseins von ihrer Wirklichkeit überzeugen -, dann fiel zuweilen das Scheue von ihr ab, aber nur in Gegenwart meiner Mutter. Was in solchen zutraulichen Stunden aus den nun plötzlich aufbrechenden Kammern ihres verschlossenen Wesens zutage kam, hätte, oberflächlich beurteilt, wohl leicht als altjüngferliche Schrulle erscheinen können, wenn nicht dahinter sich das andere gezeigt hätte, eben jene Angst, die wie ein trauriges Leitmotiv ihr Leben begleitete. Es war dies aber nicht etwa eine allgemeine Lebensangst - derlei innere Existenzverwirrungen waren zu jener Zeit noch nicht im Kurs -, nein, es war eine ganz festumrissene und unaustilgbare Angst vor dem Mann. Als käme ihr von dort her eine große und schreckliche Gefahr, ihr selbst nicht und niemand erklärbar, erklärbar vielleicht einzig aus der nachträglichen Betrachtung ihres furchtbaren Endes, und nur dem, der ihre Angst als eine ihrem medialen Ahnungsvermögen zugängliche Vorausstrahlung der ihr bestimmten Todesart zu deuten geneigt ist. Was aber wissen wir von den Geheimnisssen des menschlichen Geschicks? Wir nehmen sie hin, einmal mehr, einmal minder gleichgültig, und nur an dem Staunen, das uns dann plötzlich aus dem Gleichmaß reißt, wird es uns bewußt, daß manches, was in der Berührung von Seele und Welt sich ergibt, wahrhaft ein Geheimnis ist, hintergründig und undurchschaubar. Damals aber, da das Schicksal der Alten sich noch nicht vollzogen hatte, ahnte niemand etwas von solchen Zusammenhängen.

Sie selbst formte sich aus ihrer Angst die Ablehnung des Männlichen schlechthin und hatte sie so stark bereits verankert, daß sie lange Zeit hindurch fluchtartig unsere Küche verließ, wenn mein Vater sie einmal betrat, und es dauerte geraume Zeit, bis sie soweit war, sein Erscheinen ohne Erschrecken hinzunehmen. Und das war schon ein großer Durchbruch in ihrem sonst eigensinnig verteidigten Lebensprogramm. Hatte sie doch ehemals zu ihrem Bruder, mit dem sie bis zu seinem Tod zusammenlebte, während seiner Krankheit weder Arzt noch Pfarrer hereingelassen, und der Arzt, so wurde erzählt, mußte sich wohl oder übel mit Gewalt den Zugang zum Bett des Kranken bahnen. Ob sie es wirklich so weit getrieben hatte, oder ob dies nur eine der Glossen war, in die der Kleinstädter seine Spottlust, für die eigenartige Menschen stets das beste Material bieten, hemmungslos ergießt, das haben wir auf sich beruhen lassen.

Wesentlich und Tatsache blieb, daß sie auch zu der Zeit, da wir sie kannten, niemanden in ihr Haus hineinließ. Ihren eigenen Schilderungen nach waren ihre Hühner ihre einzigen Gefährten, und sie waren sogar die Gefährten ihrer Stube, wie ich eines Tages feststellen sollte. Ja, ich war tatsächlich dort hineingekommen, zu meinem eigenen und meiner Mutter nicht geringerem Erstaunen. Es war in den Nachweihnachtstagen. Meine Mutter hatte mich hinausgeschickt; ich sollte sie, da sie während der Weihnachtstage nicht erschienen war, auffordern, am Neujahrstag nach ihrem Gang zur Kirche bei uns zu essen. Als ich geklopft und meinen Namen mehrmals gerufen hatte, erschien sie an ihrer Haustür, oder genauer in deren oberen

Hälfte. Der untere Teil blieb zunächst noch fest verriegelt. Sie hatte ein buntes Tuch um den Kopf geschlungen, und da ich sie noch nie so gesehen hatte, kam es mir plötzlich zum Bewußtsein, daß sie ein besonderes Gesicht hatte, das vielleicht sogar einmal schön gewesen sein konnte. Die leicht gebogene feine Nase unter den grauen Haaren, die sonst immer streng und straff zurückgekämmt waren, nun aber in weichen Locken unter dem Kopftuch hervorkamen, gab dem schmalen Gesicht im engen Rahmen des Tuches eine so markante und ungewöhnliche Linie, daß selbst meine dreizehn Jahre davon beeindruckt wurden.

Nachdem ich den Gruß der Mutter und das übrige bestellt hatte, war ich zu meiner Überraschung aber nicht etwa entlassen. Sie wollte immer wieder wissen, ob es wirklich wahr und ob auch mein Vater damit einverstanden sei und ob ich es ihr nicht lieber noch an die Stubentüre schreiben wolle, da sie es sonst nach meinem Weggehen vielleicht nicht mehr glauben könne. So kam ich also in ihre Stube, sah die Hühner, die es wahrhaft gemütlich bei ihr hatten, sah die Kreide, mittels der ich ihre Stubentüre zu meinem Vergnügen von oben bis unten mit meiner Einladung bemalen mußte und die sie sich immer bereithielt, um, wie sie sagte, alle unsere Aufforderungen sofort nach ihrer Heimkehr groß an die Tür zu schreiben. Und dann sah ich - die Trompete. Von dieser Trompete hatte sie meiner Mutter mehrfach erzählt, daß sie sie immer, auch des Nachts, in griffiger Nähe habe, damit sie, falls sie einmal von Mördern überfallen würde, sofort hineinblasen und die Nachbarn zu Hilfe rufen könne. An die Existenz dieser romantischen Trompete hatten meine Eltern - ich will es zugeben - nicht so ganz ernsthaft geglaubt, und wir Kinder hatten wohl auch trotz strengem Verbot ein wenig gekichert, wenn darüber gesprochen wurde. Nun aber, da ich die Trompete mit ihrem hintergründigen Sinn tatsächlich und handgreiflich vor mir sah, ihren heiseren und etwas krächzenden Ton hörte, als die alte Frau, hochaufgerichtet zu einer beschwörenden Gebärde, hineinblies, um mir ihren Zweck praktisch vorzuführen, da wurde mir die Trompete plötzlich zu einem unheimlichen Gegenstand, als sollte sie ihren hier nur geprobten Schrei in einer fernen, aber bestimmten Stunde zur vollen und grausamen Wirklichkeit steigern. Ich bin, das ist mir genau erinnerlich, in ziemlich verstörter Verfassung nach Hause gekommen, und meine aufgeregte Erzählung von dem Trompetenerlebnis hat meine Mutter, ein empfängliches Instrument für alle Zwischentöne, nicht wenig beeindruckt. Wie denn überhaupt die Frau solch zwielichtige, in eine dunkle Vergangenheit oder noch unerlebte Zukunft hineinragende Begebenheiten mit feineren Sinnen aufnimmt als der Mann. Mein Vater, vom aufgeklärten Geist des 19. Jahrhunderts durchdrungen, wollte von solcherlei Unsinnigkeiten, wie er sich ausdrückte, nichts wissen und riet meiner Mutter, der Alten das Spintisieren, die Angst und alle Vorstellungen von der ihr drohenden Gefahr auszureden. Wie weit meine Mutter diesen Rat beim Neujahrsbesuch der Frau befolgt hat, kam nicht zu meiner Kenntnis; denn ich wurde um der Beruhigung willen einer Begegnung vorderhand ferngehalten. Und bald hatte sich dann auch alles wieder in ein ruhiges Gleichgewicht gestellt. Die Alte kam wie immer an den üblichen Markttagen, wurde von meiner Mutter liebevoll, vielleicht nun noch um einiges liebevoller oder mitleidiger, betreut, spendete ihr dankbares Strahlen und schob dann ihren Karren wieder zum Tor hinaus.

So gingen die Jahre dahin. Bis eines Tages wir die kleine Stadt für immer verließen. Es gab einen kummervollen Abschied. Herbe Menschen bedürfen ungewöhnlicher Situationen, um ihre sonst immer wohl verwahrten Gefühle überhaupt einmal freizulegen. Die Traurigkeit der alten Frau, als sie zum letztenmal an ihrem Platz in der Küche saß, die Kaffeetasse wie immer mit ihren Händen fest umschließend, war so tief, daß alle ergebene Anhänglichkeit in dieser rührend stummen Klage sich offener vor uns ausbreitete, als wenn sie alles ausgesprochen hätte. Aber sie sprach nicht, es waren nur ihre Augen, die preisgaben, daß sie litt. Daß Geschriebenes in ihrem Verhältnis zu uns die unmittelbare Gegenwart, das lebendige Gegenüber, dem sie für kurze Stunden ihre Angst anvertrauen konnte, ohne verlacht zu werden, nicht ersetzen konnte, das war hier viel wesentlicher als die Tatsache, daß sie des Schreibens völlig entwöhnt war. Es überraschte oder enttäuschte uns also keineswegs, daß die Versuche meiner Mutter, ihr wenigstens in der ersten Zeit unseres Fernseins durch briefliche Aufmunterung weiterzuhelfen, ohne Resonanz blieben. Und so verlor sich denn mit der Zeit die Verbindung völlig, bis auf die gelegentliche sorgenvolle Frage meiner Mutter, wie es ihr wohl ergehen möge.

Und dann kam der Tag, der uns traf wie ein Schlag aus dem Unsichtbaren. Wir saßen beim Frühstück, und mein Vater hatte wie immer die Zeitung vor sich, als er plötzlich das Blatt sinken ließ und erschreckt vor sich hinblickte. Dann nahm er das Blatt wieder auf, wie um sich nochmals zu überzeugen, warf es von sich, stand vom Tisch auf und ging mit aufgeregten Schritten im Zimmer auf und ab. Unsere fragenden und erstaunten Gesichter waren ihm nicht zugänglich; erst die drängende Frage meiner Mutter holte ihn in die Wirklichkeit zurück. Wortlos überreichte er ihr die Zeitung, wortlos wies er auf einen kurzen Abschnitt. Kurz danach schlug meine Mutter die Hände vors Gesicht, ein Schluchzen schüttelte sie, dem wir hilflos zusahen und das ich erst begriff, als auch ich den Abschnitt gelesen hatte.

Es war der Bericht von der Ermordung unserer Alten in der kleinen Stadt. In ihrer erstarrten Hand - so hieß es - hielt sie eine Trompete. Der Mörder war flüchtig.

ANTON FENDRICH
Hüben und Drüben

Es war ein Sprung hinüber. Aber den Knaben lockte das Land jenseits des Stromes nicht. Klar und unverfälscht steht in meinem frühesten Bewußtsein das Bild einer zerschossenen roten Sandsteinmauer. In Kehl. Sie trug ihre Granateinschläge wie Wunden. Wir waren damals die kurze Strecke aus der Ortenau gekommen, um Straßburg anzusehen. Noch heute habe ich die Ratlosigkeit des Viereinhalbjährigen darüber nicht vergessen, warum die Leute einander so die Häuser zurichten. Und das nächste Mal wollte ich nicht mit hinüber.

Der Ernstfall kam erst, als die gute beleibte Base Fränz in Ottenheim, wo die Schiffsbrücke hinüber nach Gerstheim geht, mich für stark genug hielt, um in den großen Ferien bei der Ernte mitzuhelfen. Frühmorgens um zwei Uhr stand sie mit dem Unschlittlicht in der Hand vor meinem Bett, weckte mich und sagte: „Und wenn die Elsässer Buben dir Spottnamen nachrufen, daß du dich nicht unterstehst, ihnen etwas zurückzugeben mit sällem Wort, dessentwegen es drunten in der Wirtsstube schon so viel Unmuß abgesetzt hat! Sie haben nur ein meisterloses Mundstück, aber meinen tun sie's nicht bös. Du weist schon was ...!"

Ich wußte es. Jedenfalls lebte in mir, als ich in der Morgendämmerung zwischen Knechten und Mägden über die schwankenden Pontons ans andere Ufer fuhr, unter mir der graugrüne Rhein, groß und rätselhaft dahinflutend, schon die Vorahnung von Prüfungen, die ich nun zu bestehen haben würde. Die Matten lagen bei Erstein, und die Sensen klangen bald. Nur unklar erschienen die Vogesen mit ihren Kuppen und Burgen, und

der Großknecht sagte, das sei ein gutes Wetterzeichen. Genau wie bei uns drüben am Schwarzwald, dachte ich, legte die Gabel hin und muß eingenickt sein, um den ungewohnt unterbrochenen Schlaf nachzuholen. Denn auf einmal weckte mich lautes Gelächter. Einer der gleichaltrigen Elsässerbuben aus dem Dorf, der mich entdeckt hatte, rief: „Oh, dr Gälfüßler schlooft bi sinere Gabel!" Eine Spottsalve seiner Kameraden folgte dem Angriffssignal. Gelbe Füße haben die Gänse, und die gelten als dumm. Von denen auf dem Kapitol wußten sie nichts und den „Niels Holgerson" hatte die Lagerlöf noch nicht geschrieben. Im Halbschlaf wußte ich nur eins: Jenen schlimmen Namen durfte ich jetzt nicht aussprechen. Ich biß auf die Zähne und tat das einzig mögliche. In der beengten Lage stürzte ich mich auf den Anführer. Ich brachte ihn aber nicht an den Boden, und er mich auch nicht. Nachdem der Großknecht anerkennend dem frühen Ringen zugeschaut hatte, trennte er uns und richtete dann eine ermunternde Einladung an die vier, nun aber auch mit etwas anderm als nur mit dem Maul dabei zu sein. Ihr eigenes Öhmd hatten sie schon daheim und fühlten sich jetzt in ihrer bäuerlichen Ehrbarkeit berührt. Bis zum Mittag griffen sie wacker zu. Sie waren stark und gutmütig. Der Elsässer mit dem von mir verschluckten Übernamen wurde gut Freund mit dem Gälfüßler, und wenn die Gäule des Vetters Franz Michel in die Schwemme geritten wurden, dann sah ich ihn immer schon von ferne über die Brücke kommen. Das Rezept der Base Fränz bewährte sich. Beim Korn, beim Öhmd, beim Hafer.

Die Mischung von Spottsucht und Rechtschaffenheit kam später noch anziehender als auf den Gerstheimer Matten in anderer Gestalt zu uns über den Rhein. Das wegen seiner

Strenge berühmte protestantische Gymnasium in Straßburg wurde nicht von allen Elsässern geschätzt, die ihre Buben studieren lassen wollten. So schlugen sich manche Bürgersöhne aus Kaysersberg, Markirch, Sulz und Thann lieber mit uns auf badischen Schulbänken durch Griechisch und Latein, wenn es dem Abitur zuging. Wenn sie auch noch so lästerlich fluchten, eine eigentümliche Wärme ging von allen aus. Die kräftigste Mundart konnte sich im Herumsehen in sehr gutes Hochdeutsch und der handfeste Widerstand in eine herrenmäßige Haltung wandeln. Wenn die „Meininger" auf einen Monat in Straßburg im Theater am Broglieplatz spielten, dann fuhren wir zusammen mit den Elsässern in die großen Klassikervorstellungen wie in die Kirche. Aber weder die Ehrfurcht vor Schiller noch vor dem Herzog von Meiningen, dem geistigen Haupt der Truppe, hinderte einen unserer Linksrheinischen aus Markirch, als die unvergeßliche Amanda Lindner als Jungfrau von Orleans über das Schlachtfeld stürmte, vom vierten Rang herab über das atemlose Parkett hinweg sein bewunderndes und anerkennendes „Gottverdammi" auf die Bühne zu rufen.

    Noch stärker als Schiller die Jungen band der „Ritter" in Durbach die Alten. Das war ein Wirtshaus von hohem Rang am Schwarzwaldrand und wohlbekannt im Elsaß. Wenn ich mit der Familie eines badischen Schulfreundes im Gedränge der guten Herberge saß, um mich das sorglose Geplauder der Straßburger, dann hielt besonders im Herbst auf einmal vor den Fenstern noch ein Landauer, dem die Eltern eines unserer Elsässer Kameraden entstiegen. Seine schöne Mutter, die hochgewachsene Fabrikantenfrau, wußte im Gothaschen Adelskalender so gut Bescheid wie in den badischen Volkssagen, und immer fand sie eine geschickte Gelegenheit, von dem Naturwesen unserer Landschaft, der Melusine, zu erzählen. Das war die Wasserfee droben vom Schloß Staufenberg, die mit dem Petermann von Staufenberg eine heimliche Liebschaft hatte, aber ihrem Ritter todbringend erschien, als er es wagte, eine wirkliche Menschenfrau, die Herzogin von Kärnten, ehelichen zu wollen. Sie streckte nur ihren schönen Fuß durch die Decke des Hochzeitssaales, und aus war es. Nur auf den Wappenhelmen der Staufenberger ist sie händeringend noch zu sehen. Aber all diese vornehme Liebestragik verschwand vor den Platten blaugesottener Forellen, die immer bald nach der Ankunft der Straßburger aufgetragen wurden. Denn in den wasserarmen Vogesen gibt es nicht viel Forellen.

Aber auch wenn die stattliche Mutter des Schulkameraden, in die ich ein wenig verliebt war, von der heiligen Odilia, der Beschützerin des Landes über dem Rhein, erzählte, war das nicht die ganze Sonne über dem Elsaß. Die ging erst auf, als ich so in den Bann von „Dichtung und Wahrheit" geriet, daß mir ein ganzes Jahrhundert und ein gutes Jahrzehnt dazu versank und ich leibhaftig sah, wie im Pfarrhaus von Sesenheim die Türe zum Besuchszimmer sich öffnete und die jüngste Tochter mit den langen Zöpfen eintrat und den Studenten der Jurisprudenz Wolfgang Goethe aus Frankfurt begrüßte. Nicht die gemeinsamen Ausflüge hinüber ins Badische, wo der Glückliche wochenlang die gleichen Wolkenbildungen über dem Schwarzwald ruhen sah, nicht die selige Geschäftigkeit um die von ihm mit Blumen neu bemalte Pfarrhofskutsche, die man heute noch in einer Remise sehen kann, nicht die Streiche und die Lieder aus dieser Zeit taten mir's an, sondern die stolze Treue und Schweigsamkeit, mit der Friederike, die Elsässerin, den ungetreuen Frankfurter ziehen ließ und, sechs Jahre nachher, nach einem gütig überlegenen Wiedersehen hinüber ins Badische ging; um dort alle Freier freundlich abzuweisen und in der Ortenau, zuerst in Diersburg, bei ihrem Schwager tapfer zu leben und dann in Meißenheim still zu sterben. Und da ich mehr in dem dickbündigen alten Düntzer las als im Demosthenes, so fand ich an der Kirchenmauer von Meißenheim, mit dem Mamorrelief ihres anmutigen Profils geschmückt, ihr Grab, noch keine Stunde vom großen Wirtshaus in Ottenheim, wo die Base Fränz noch schaltete und waltete. Und da soll einmal einem Achtzehnjährigen die Sonne nicht aufgehen.

Doch in jenen beginnenden Lehrjahren beschäftigte mich mehr das kleine Büchlein, das der Buchhändler Mündel in Straßburg geschrieben und herausgegeben hatte. Die ganze Vielfalt des Elsaß tat sich mir erst an der Hand dieses Führers auf. Ich sah die breiten Dörfer im Unterelsaß. Sauber und breit lagen sie im wohlgepflegten Land, und über ihren Kirchtürmen stand neben der Jahreszahl immer die stolze Inschrift: „Erbaut von der Gemein". An anderen Sonntagen kehrte ich in den farbigen oberelsässischen Städtchen und Vogesennestern bei den Eltern der einstigen Schulkameraden ein. Da wohnten die Alten als Weinsticher oder Kaufleute in schönen Fachwerkhäusern mit Laubengängen und Altanen, gefüllten Kellern und Speichern, immer noch im Schutz alter Tortürme, von denen der dicke runde mit dem Spitzhut in Ammerschweier mir der liebste war.

Aber die weite Welt rief, und das Elsaß versank. Zwei Jahrzehnte vergingen, und man las immer nur einmal in Briefen aus dem alten Kreis der Links- und Rechtsrheinischen, daß in Straßburg und besonders in Mühlhausen immer mehr Französisch gesprochen werde, daß der Kommandierende General der elsässischen Hauptstadt die Bataillone am liebsten an Markttagen durch das Getriebe der Bauern und Stadtleute marschieren ließ, und was solche betrüblichen Dinge sonst waren. Schließlich kam der Tag von Zabern. Ein blutjunger Leutnant, der nichts wußte von der jahrhundertelang zuerst immer verwöhnten und dann um so länger gequälten Seele der Elsässer, hatte sich in dem mehr als geruhsamen Garnisonsstädtchen den vermeintlichen Spaß gemacht, beim Exerzieren immer wieder einmal einen Soldaten aus der Front treten und laut sagen zu lassen: „Ich bin ein Wackes!" Die Base Fränz mit dem Unschlittlicht in der Hand war ihm nicht erschienen. Aber in den nächsten Tagen konnte er nur noch mit vier Mann Begleitung mit aufgepflanztem Seitengewehr sich in den steilen Straßen der stillen Stadt sehen lassen. Anstatt der Base Fränz nahm den unerfahrenen jungen Offizier aus dem Norden die immer allgütige Vorsehung in ihre hohe Schule. Er durfte nicht viel mehr als ein Jahr darauf im Weltkrieg inmitten seiner Elsässer fallen.

Das oben genannte Fähnlein der einstigen Schulkameraden, unter dem sich noch andere und meist nicht pensionsberechtigte Erdenbürger vom Oberrhein und von verschiedenem Alter sammelten, hielt auf klaren Abstand von den nur epikuräischen Feinschmeckern der Landschaft und seiner Gaben, vom echten, auf Holztellern aufgetragenen duftenden Münsterkäse bis zu dem besten Oberelsässer Tropfen, dem Kiderle. Diese nun schon über das Schwalbenalter hinausgeschrittenen Ärzte, Maler, Zeitungsleute und Theologen hatten nicht nötig, sich in Büchern über das Alemannische zu wärmen. Sie sahen sich selten und nie in corpore, waren aber ein freier Geheimbund ohne Satzungen, Erkennungszeichen und Beiträge, wo man sich gut war und sich verstand. Denn wie die Kraft eines inneren Bildes trugen sie in sich das Wissen um das Werden des reichen Landes auf beiden Seiten des Stroms. Sie kannten die Akte des großen Erddramas, aus dem durch den Einsturz der unterirdischen Gewölbe vor Jahrhunderttausenden im Kampf zwischen Wasser und Feuer die Landschaft geboren wurde, deren Einheit die zwei bei der Katastrophe stehengebliebenen Randmauern, der Schwarzwald und die Vogesen bezeugen. Die herablassende Formel: „Wir lieben das Elsaß, aber nicht die Elsässer" ließen sie gar nicht zu. Sie unterschieden sich von den Anakreontikern am Oberrhein dadurch, daß sie an das Elsaß und an die Elsässer glaubten.

Das alles kommt nicht durch neue Bücher. Und so sehe ich es als einen Gruß des Lebens selbst an und als einen Kreditbrief auf das Herz meiner der Literatur so fremden Schriftstellerei, daß uns eine elsässische Mutter von fünf Kindern ihren Jüngsten geschickt hat, bis sie selbst wieder gesund ist. Die Bine, die Kinderschwester, pflegt ihn. Ich aber hüte ihn in Bines Essenszeiten. Wie eine kleine süße Wolke aus Fleisch und Blut sitzt dann der sieben Monate alte Klaus Peter in meinem Arm, und ich bin sehr stolz darauf, daß er sich so an meinen alten Brustkasten schmiegt. Mit seinen ernsten großen Augen mich prüfend, fragend, erforschend, lächelt er mich plötzlich holdselig an und zieht mir die Brille von der Nase. Kein Auge hat es gesehen und kein Ohr hat es gehört, was dann zwischen uns beiden verhandelt wird, wenn er die beglückende Wärme seiner Wange an meinen grauen Kopf lehnt. Aber wir haben immer nur ein Thema: Alles um Liebe.

URSULA FLÜGLER

Ausgrabung

Gefunden im Hügelland,
nah bei der Ebene:
das Grab einer Frau

vom Ende des
zweiten Jahrtausends,
vermutlich.

Gut erhalten
die Grab-
beigaben:

ein kleines Kreuz
aus Gold, mit
Granatsteinen,

ein Schreibzeug, die
Feder stumpf vom
Gebrauch.

Aber nirgends
Spuren von Schrift.

Wir wissen nicht, was
der Vogel bedeutet,
aus Ton, in ihrer Hand ...

ALFRED ECKERLE
Wanderungen

So wie sie jetzt ablaufen, die Wanderungen,
durchtrieben eben, jeder durchtreibt den Tirolerhut
des andern. Wenn eine Tanne auf den Schienen liegt,
kehr um. Der Gipfel liegt in Wolken.

WENDELINUS WURTH
Herztäler Griese-Gipfel

Git s im Juni, wenn s heiß isch, ebs schiiners wi Griese ramache? Am Morges frieh schu nus, uf d Leiter un Griese broche, wu noch voll Tau sin. Ab un zue ä paar in s Mul gsteckt, gege de Hunger un de Durscht. Au we mr z zweit am ä Baum isch, ka mr mit sich ällei sii un denke oder traime. Über allen Gipfeln ist Ruh, - schiin gsait - „Heer, denk nit so vil, schaff ebbis, sunsch werre mr hit nim fertig." - in allen Wipfeln spürest du kaum einen Hauch; - uf eme Griesebaum kaan er des nit gschriiwe haa, do isch mr froh, wenn ä Liftel geht, so wi jetz, sunsch kinnt mr s schier nit ushalte bi dere Hitz - die Vögelein schweigen im Walde. - stimmt au nit, di Stoore do howe schnättere un tien was geht; mr kinnt grad meine, des sin dene ihri Griese - Warte nur, balde ruhest du auch. - „Wart nur, bis i niwerkumm. Ich sa s dr ke zweits Mool meh, aß de ebbis tue sollsch. Sinniere kaansch au noch hit Oowe, wenn s Naacht isch. Nur kaansch vu mir us alli fimfi grad sii losse - awer bis dert naa wurd ebs gschafft."

OTTO ERNST SUTTER
Im Banne des Flusses der Mitte

Fluß der Mitte? Reisehandbücher pflegen das oberrheinische Gebirge - man könnte sagen, üblich gewordenem Brauch folgend - in drei Komplexe zu gliedern: nördlicher, mittlerer und südlicher Schwarzwald. Diese Aufteilung entbehrt leichtfaßlicher Einprägsamkeit. Wird die Landkarte zu Rate gezogen, erkennt man auf den ersten Blick, daß die Kinzig die „natürliche" Befähigung hat, dem Bergland zu einer Aufschlüsselung von gebieterischer Ausdruckskraft in eine Nord- und eine Südflanke zu verhelfen. Nun, über Hypothesen orographischer (gebirgskundlicher) Spekulation läßt sich genauso streiten wie über Deutungsversuche, gleich in welcher Disziplin. Der Schreiber dieser Zeilen bittet den Leser, der Kennzeichnung der Kinzig als Fluß der Mitte des Schwarzwalds seine Zustimmung nicht zu versagen ...

Daß unserem Berggewässer von den Anwohnern - wann dies freilich geschehen ist, vermag der Verfasser nicht zu sagen - eine auszeichnende Geltung zuerkannt wurde, bezeugt sich in dem Umstand, daß seine Quelle reiz- und liebevoll gefaßt worden ist. Man denkt an die klassische Schilderung der Geburt eines Bergflusses, wie sie Johann Peter Hebel in seinem unvergleichlichen Epos „Die Wiese" geschaffen hat, und könnte sich recht wohl denken, auch die Kinzig vermöchte einen Dichter zur poetischen Beschreibung des „Flusses der Mitte" anregen. Dieser Fluß der Mitte freilich „luegt" nicht wie die Wiese „mit liebligem Gsicht us tief verborgene Chlüfte" hervor, sondern er sprudelt auf einer waldigen Hochfläche mit kräftigem Pulsschlag aus tiefbrauner Erde heraus. Zum festlichen Empfang sieht sich die muntere Quelle in einem runden Sandsteinbecken gefaßt. Ein heiter-anheimelnder Anblick bietet sich dem Wanderer dar, der von Loßburg (unweit von Freudenstadt) herkommt und auf erfreulich schlichtem, seine Wissenschaft ohne Schulmeisterei darreichenden, 1964 von der ortsansässigen Gruppe des Schwarzwaldvereins angelegten Waldlehrpfad zum „Kinzigursprung" aufsteigt. Das Motto, das für diesen Lehrpfad gereimt wurde, findet man bestätigt:

> Der Wald in seiner Vielgestalt
> lädt ein zum frohen Aufenthalt.
> Er lehrt, er schützt, er macht dich frei,
> drum nütz den Pfad, geh nicht vorbei!

Daß der Kinzigursprung im übrigen sich rühmen darf, sozusagen württembergischen Geblütes zu sein, vermelden auf der hochgezogenen Rückwand des Sandsteinbeckens die eingemeißelten drei obligaten Hirschgeweihstangen. Darunter liest man: 680 m ü.d.M.; Flußlauf 112 km; Mündung in den Rhein bei Kehl, 140 m ü.d.M. Das Quellwasser selbst ist von schlechthin klassischer Klarheit. Kein Wunder, daß es früher zur Wasserversorgung durch Teuchel (badisch: Deichel), ausgehöhlte schlanke Baumstämme, die aneinandergereiht wurden, abgeleitet worden ist.

Die oberste Partie des Flusses der Mitte ist tief eingefurcht. Auf der Sohle drunten durchmißt unser hurtig hinabgeeiltes und -gestürztes Gewässer sein Kindheitsland. Ober- und Unter-Ehlenbogen heißt das Dorf - wie seltsam! Kaum 20 km lang mag es sein. Behäbig, hofähnliche Häuser schieben sich dicht an das Bächlein heran oder blicken, auf niederen, hügelähnlichen Erhebungen wie zum Plausch beieinanderstehend, zu ihm hinüber. Straße und Eisenbahntrasse beanspruchen den oberen linksseitigen Hang des Tales und scheinen sich daran zu erfreuen, einander ab und zu zu überschneiden. Dann und wann blinzelt ein Haus von drüben durch die Fichtenstämme des dichten Waldes. Ein jeden Geologen hoch erfreuender, kleiner Steinbruch verrät den in mächtigen Blöcken geschichteten, prächtig roten Sandstein, ehe weiter unten Gneis und wohl auch Granit angeschnitten werden. Eines kleinen Sägewerks wird man ansichtig und so an die sprichwörtliche Wirtschaftsbedeutung der Vergangenheit und Gegenwart des Tales der Mitte erinnert.

Alpirsbach, vor bald hundert Jahren württembergische Stadt geworden, hat es heute recht schwer, sein fast stürmisch anmutendes Wachstum zu bewältigen. Unser Fluß der Mitte berührt es jetzt schon, nun, sagen wir, recht ansehnlich. Der schlanke, aber kraftvolle Turm der ehemaligen Abtei ist zum Wahrzeichen der Schatzkammer Alpirsbach geworden. Ihr Kronjuwel stellt das weiträumige Gotteshaus des 1095 von Adalbert von Zollern gegründeten Benediktinerklosters dar. Wer einigermaßen gesammelt und den vielen einzelnen Kunstwerken besinnlich nachspürend das wundervolle Bauwerk erleben will, muß sich Zeit lassen - hier nur flüchtig es zu schildern, mangelt der Raum. Sommerlichen festlichen Serenaden und Abend-Motetten, bestritten von den Alpirsbacher Chorknaben und zugezogenen bedeutenden Solisten, kommt mehr als nur fremdenverkehrliche Bedeutung zu. Herrliche Fachwerkfassaden, ein selbstbewußtes Rathaus, alte Brunnen u.a. besitzen hohe Beredsamkeit -; die „neue Zeit" in ihrer Unbekümmertheit vermag ihnen nichts anzuhaben.

Auch nach Alpirsbach kann sich das Tal des Flusses der Mitte zunächst nur schwer entschließen, dann und wann behäbiger sich auszuweiten. Schenkenzell, das über gute Gasthäuser und gefällige Privatquartiere rasch die Sympathie von Sommerfrischen-Gästen erworben hat, macht der Schwarzwaldtälerstraße, die entlang dem Fluß der Mitte verläuft, besondere Ehre. Der Autor kehrte neulich in einem Gasthaus ein und labte sich am trefflichen Mahl. Beim Verlassen des Hauses entdeckte er auf dem Türsturz den Spruch:

> Am jüngsten Gericht wird offenbar,
> Welch ehrlicher Wirt der Severin war.

Nun, dieser Severin braucht sich vor dem Petrus nicht zu fürchten ... In Schenkenzell findet die Kleine Kinzig die Große, also unseren Fluß der Mitte. Wer es sich zeitlich leisten kann, sollte eine Wanderung (oder Fahrt) nach dem waldigen Kaltbrunn nicht versäumen. Im Dörfchen Wittichen lasse man sich nach dem stillen Verweilen in der ehrwürdigen Kirche der vormaligen Abtei der Clarissinnen, welche die Ruhestatt ihrer Stifterin Luitgard birgt, die sorgsam zusammengetragene und betreute Sammlung ortsgeschichtlicher Erinnerungsstücke und brauchtümlicher Gegenstände zeigen.

Doch zurück nach Schenkenzell! Unterhalb des stattlich herangewachsenen Dorfes schiebt sich ein kühner, felsiger Bergvorsprung ins Tal, so daß Straße und Fluß in weitem Bogen der topographischen Situation sich anpassen müssen, während allerdings die Bahnlinie in einem Tunnel das Hindernis meistert. Vom Felsgerage herab blickt die malerische Ruine der Schenkenburg, deren Herren das Tal einst scharf im Auge behalten konnten. Ob sie nicht am Ende den Pfeffersäcken und Weinfuhren auflauerten?

Der Fluß der Mitte verlangt nun schon flußbautechnische Maßnahmen und kann bereits recht großtun. Auf einem sonnigen Bühl breitet sich ein Heilkräutergarten aus, dessen Besichtigung bei rechtzeitiger Anmeldung möglich ist. Ein Industriewerk in Alpirsbach hat ihn anlegen lassen und läßt ihn betreuen, um die Erträge der Gewächse - solcherlei Kraut ist lange Zeit unbeachtet geblieben - in Präparate umzuwandeln.

Wer das am steilen Hang emporkletternde und an diesem sich festklammernde Schiltach erleben will, muß von der Talstraße zur oberen Stadt hinaufwandern. Prachtvolles, echtes und in unserer Zeit neu gepflegtes Fachwerk erwartet ihn. Das alte, reich - vielleicht ein wenig zu üppig - bemalte Rathaus schaut über einen behaglichen Brunnen hinweg, auf dessen Brunnenstock ein zweischwänziger Löwe sitzt. Welches Bewenden es mit der Zweischwänzigkeit hat, konnte der Schreiber nicht in Erfahrung bringen ... Auch Schiltach hat es schwer, den letzten Fleck Baugrund freizumachen.

Von dem etwa 10 km entfernten Schramberg eilt durch das weithingestreckte Dorf Lehengericht, das auch noch in das Tal des Flusses der Mitte umbiegt, die Schiltach. Die Stadt Schiltach läßt es sich angelegen sein, daß Gedächtnis an die große Zeit der Flößerei wachzuhalten, während der das damalige Städtlein sozusagen in aller Leute Mund war. Vor weit über hundert Jahren erlosch das einmal ruhmvolle Gewerbe und Brauchtum des Flößens. Der Verfasser dieser Zeilen hat sich vor einem Menschenalter mit einem damals 95jährigen „Altflößer" unterhalten. Die sonst müden Augen des gebeugten Greises glänzten, als er, in stockender Erzählung, davon berichtete, trotz aller Gefahren, die man als Flößer habe meistern müssen, hätte es kein stolzeres Handwerk gegeben als das des Flößens ...

Der Fluß der Mitte, der von der Quelle ab bis Schiltach sich südwärts hält, schlägt hier einen Bogen von annähernd 90 Grad und wendet sich nun westwärts, Wolfach zu. Die Hauptgemeinde oberhalb dieser Kreisstadt heißt Kinzigtal. Zu ihr gehört u.a. auch der Ortsteil Halbmeil. Man sollte es sich nicht entgehen lassen, zur alten Wallfahrt St.Roman hinauf zu wandern. Die Landschaft berührt beinahe ein wenig voralpin. Wohl um die Jahrhundertwende hat das alte Kapellchen einem größeren Bau weichen müssen. Der Stil der neuen Kirche, die ihren Turm hoch emporreckt, läßt als Baumeister Max Meckel (1847 - 1910) vermuten. Vor dem breitbrüstigen neuen Gasthaus unterhalb der Kirche und des sie umsäumenden Friedhofs reiht sich an Sonntagen Auto an Auto. Viele Wagen tragen das Zeichen des württembergischen Kreises Rottweil, wie denn überhaupt schwäbische Besucher offenbar gerne in den Bereich des Flusses der Mitte ausfliegen - mag sein, weil der Fluß der Mitte ja aus württembergischen Boden hervorspringt ...

Wolfach, selbstbewußte Kreisstadt, die sich in der berechtigten Hoffnung wiegt, eine glückhaft erbohrte Quelle mit nachgewiesener Heilkraft werde die gern besuchte Sommerfrische zur Kurstadt werden lassen, bedarf schon heute kaum wortreicher Anpreisung. Mächtige Waldungen, teils privaten Besitzern gehörend, teils und vor allem Eigentum der Fürsten zu Fürstenberg und des Staates Baden-Württemberg, verleihen der Wolfacher Gemarkung besonders anziehende Geltung. Fast wie eine mächtige Sperrmauer schiebt sich gleich einem Querriegel das ehemalige Fürstenberger Schloß durchs Tal. Irgendwie heiter berührt es, daß man durch ein Tor in dem imposanten Bau in die Stadt hinein- oder aus ihr herausschlüpfen muß. Die Wolf (oder die Wolfach), die hier den Fluß der Mitte findet, kommt aus der Bergwelt des Kniebis, aus Bad Rippoldsau, das Joseph Victor von Scheffel und später Rainer Maria Rilke innig lobten, über Schapbach, eine der sprichwörtlichen Trachtengemeinden, herunter. In Schapbach besitzt die Universität Freiburg ein großräumiges, baulich erneuertes Mathematisches Institut. Nun, wie sollte man in stiller, herrlicher Einsamkeit nicht schwierige Aufgaben lösen können!

Das Tal weitet sich nun mächtig. Oberhalb des Straßen- und Eisenbahn-Kreuzungspunktes Hausach nimmt der Fluß die Gutach auf, die das Wasser von Triberg her zu Tal bringt. Die wuchtigen und doch so kokett anmutenden Gutacher Bollenhüte (schwarz: Frauen, rot: Mädchen) sind weltberühmt geworden. Man wird aber wohl sagen dürfen, daß die so beliebten Gutacher Puppen und „Püppchen" doch bisweilen recht fragwürdig dreinschauen. Übrigens gehörte Gutach bis 1810 zu Württemberg und wurde dann erst badisch; ursprünglich war es eine evangelische Gemeinde.

Weithin blickt die Ruine auf dem Schloßberg von Hausach über Tal und Berge. Hausach selbst ist die Schulstadt des Kreises Wolfach. Ein eigenes Ortsviertel besteht nur aus Schulen. Drüben über dem Fluß der Mitte, abgerückt von ihm und am Fuß des prächtigen Brandenkopfes, klettern die Häuser und Häuslein zu der auf einem spitzen Hügel thronenden Kirche des Dorfes Fischerbach empor. Das alte Haslach, um die sach- und kunstgerechte Erneuerung alter Häuser bemüht, sonnt sich berechtigtermaßen im Ruhm, den Heinrich Hansjakob seinem „Hasle" eingetragen hat. Die Bücher dieses echten Volksschriftstellers, eines unvergleichlichen Erzählers von Land und Leuten des Schwarzwalds, machen eine eigene kleine Bibliothek aus. Der Volksmann prächtigen Schlags, Heinrich Hansjakob, wurde als junger Geistlicher, Mitglied des Landtags geworden, in den Kulturkampf unseligen Gedenkens verstrickt. Er hat freilich die eigenen Parteifreunde enttäuscht, als er sich zu der Meinung bekannte, Staat und Kirche müßten sich miteinander vertragen lernen. Der Kanzelredner Hansjakob kam als Pfarrherr zu St. Martin in Freiburg zu hohem Ansehen. Übrigens nennt man auch mit Verehrung im Kreis oberrheinischer und deutscher Winzer seinen Namen. Hat er doch bereits 1881 als Pfarrer von Hagnau am Bodensee den ersten Winzerverein auf genossenschaftlicher Grundlage ins Leben gerufen. Im alten ehemaligen Kapuzinerkloster von Haslach erinnern zahllose Bildnisse und Schriften an diese auch körperlich hohe Gestalt, zu der der Wirts- und Bäckerssohn, zeitlebens ein Original, herangewachsen ist. Unweit seiner Vaterstadt ließ er sich, alt geworden, in einem eigenen schönen Haus zur Ruhe nieder, die ihm freilich nicht lange gegönnt blieb. In Hofstetten, so heißt der Ort, ist er auch beigesetzt.

Der Fluß der Mitte wird bei Haslach der Ost-West-Richtung müde und schlägt sich nun nordwestwärts, sich da und dort charaktervolle Ausbiegungen vorbehaltend. In Steinach will der herrliche, mächtige Fachwerkgiebel eines alten Gasthauses bestaunt sein, in dem eine heimelige Flößerstube an die große Zeit erinnert, in der neben der Kuckucksuhr die „Holländerstämme" dem Schwarzwald Weltruf eintrugen. Von Biberach (an der Schwarzwaldbahn) bummelt ein „Bähnle" nach der freundlichen Gewerbe- und Wallfahrtsstadt Zell am Harmersbach, neben Offenburg und Gengenbach bis 1803 Freie Reichsstadt, und weiter ins Harmersbachertal, das desgleichen bis 1803 ein Freies Reichstal gewesen ist, die einzige bäuerliche Republik auf deutscher Erde. An sie hält die bäuerliche Miliz das Gedächtnis wach. Nach Biberach herüber blickt von dem Höhenzug linker Hand des Flusses die imposante Ruine der Hohengeroldseck. Das Geschlecht der Geroldsecker hatte bis ins Mittelalter hinein viel zu vermelden. Zu Grunde gegangen ist es nicht zuletzt, weil seine verschiedenen Zweige sich gegenseitig bis aufs Blut befehdeten. Die Straße, die von Biberach hinüber ins Schuttertal führt, ist eine der letzten Schöpfungen des großen badischen Ingenieurobersten Johann Gottfried Tulla (1770 - 1828), dessen man gewöhnlich als des „Bezwingers des wilden Rheins" gedenkt, der aber auch ein genialer Straßenbauer war. Auf Tulla gehen übrigens auch die flußtechnischen Vorschläge zurück, nach denen, lange nachdem ihr Schöpfer gestorben war, in den Sechzigerjahren des vergangenen Jahrhunderts der Fluß der Mitte rektifiziert worden ist. Aber auch „gebändigt" kann sich der Fluß der Mitte sehen lassen.

Das vordere Kinzigtal gehört zu den reizvollsten Partien der Landschaftsfolge im Banne unseres Flusses. In lauschige, waldreiche Seitentäler kuscheln sich Bermersbach und Berghaupten linkerhand und Schwaibach, Reichenbach und Ohlsbach auf der rechten Seite. Die ehemalige Freie Reichsstadt Gengenbach hütet mit Hingabe und Strenge ihr altertümliches Gepräge, dem hohe Magie eignet. Das schöne spätbarocke, klassizistisch angehauchte Rathaus von 1784 erhebt den Marktplatz zum Festraum unter freiem Himmel. Drei Stadttürme kann man bewundern. Von schöner Hoheit ist der Barockturm, der 1672 neben der zerstörten, wieder aufgebauten dreischiffigen romanischen Basilika der ehemaligen Abtei - heutigen Stadtkirche - erbaut wurde. Auf dem sogenannten „Bergle", - der Name „Einbethenberg" erinnert an keltische und der Name „Castellberg" an römische Zeiten - erhebt sich die alte, dem heiligen Jakob geweihte Wallfahrtskapelle. Sie ist ein Wahrzeichen des vorderen Kinzigtales. Und die Leut- oder Martinskirche auf dem Friedhof gewinnt imponierende Ausdruckskraft von dem stämmigen Turm und dem hohen, schlichten Kirchenschiff, das in der Barockzeit im Innern eine erlesene Ausschmückung erhalten hat. Das zeitgenössische Gengenbach tut sich schwer, sein kraftvolles Wachstum in Ordnung zu halten. Doch im Mittelpunkt des Denkens und Empfindens einer wohlgesinnten Bürgerschaft steht das Verlangen, das unvergleichliche alte Herz der Stadt vor allen Einflüssen und Zugriffen zu bewahren, die ihm Abbruch tun könnten ...

Gebieterisch blickt in das vordere Kinzigtal das bis zu 900 m ansteigende Bergmassiv der Moos, der Wasserscheide zwischen dem Fluß der Mitte und der Rench. Hier droben haben die Gengenbacher Johann Jacob Christoph von Grimmelshausen, der die Fernsicht von der Moos unvergleichlich geschildert hat, ein Denkmal setzen lassen. Das um 1835 auf den Resten einer malerischen Burgruine erbaute Schloß Ortenberg über dem gleichnamigen Dorf macht in seiner neugotischen Haltung bei Leuten, die derlei schätzen, noch immer Furore. Wichtiger freilich erscheint dem Skribenten, daß über dem weiten Hang unterhalb des seltsamen Schlosses eine 7 ha große, neuzeitliche Rebanlage geschaffen wurde, Eigentum des Kreises Offenburg. Nun, Offenburg hat von eh und je als Winzerstadt und Weinmarkt Ansehen genossen, und gerade von diesem Aspekt aus lieben es die Menschen der Ortenau.

Von Offenburg an verläuft der Fluß der Mitte rektifiziert und gesittet dahin, ohne viel Aufhebens von sich zu machen, sofern ihn nicht gerade Hochwassergelüste anwandeln. Von Orten, die er berührt, sei nur das alte, schon dem Hanauerland zugeordnete Willstätt genannt, in dem Johann Michael Moscherosch 1601 geboren wurde, jener Satiriker von hohen Graden. Er starb als hessischer Geheimrat 68 Jahre später zu Worms. Das Denkmal, das an ihn, der sich als Schriftsteller „Philander von Sittewald" nannte, erinnert, ist sicherlich gut gemeint, aber nicht sehr eindrucksvoll. Bis Willstätt hinauf kamen bis vor wenigen Jahrzehnten noch die Lachse aus dem Rhein, die übrigens früher noch bis in die Gengenbacher Gegend vorstießen. Sie bleiben heute aus, und darüber ist der schätzenswerte Gasthalter des Wirtshauses zur „Kinzigbrücke" in Willstätt, der selbst noch Lachse gefangen hat, begreiflicherweise betrübt.

Ehe der Fluß der Mitte, jetzt schon ein wenig müde dreinschauend, den Rhein erreicht, nimmt er noch die Schutter auf. Sie kommt von der Stadt des weitbekannten „Hinkenden Boten", von Lahr und über das Dorf Schuttern, die ehemalige Benediktinerabtei, in der 1770 die Kaisertochter Maria Antoinette die letzte Nacht auf deutscher Erde zubrachte, ehe sie ihrem von ihr noch nicht geahnten Schicksal entgegenfuhr.

Sang- und klanglos vereinigt sich unser Fluß der Mitte mit dem Rhein, der sein meist recht schmutziges Wasser vorüberführt -; man denkt dann an die herrlich klare Quelle droben auf der waldigen Höhe bei Loßburg und an die vielen erregend schönen Partien, die der Fluß der Mitte durchströmt; diese Erinnerungen trösten einen darüber hinweg, daß er ruhmlos endet.

ROBERT ULLMANN
Die große Überschwemmung von 1960

Es war neunzehnhundertsechzig im Olympiajahr
im gleichen Monat, als der Bürgermeister starb,
der Winter war kurz und der Februar war heiß,
im warmen Regen schmolz der Schnee und das Eis

bis Mittag stieg die Kinzig um acht Meter an
und kurz vor dem Abendläuten brach dann der Damm
es ertranken drei Kinder, über vierzig Stück Vieh
man erklärte uns noch nachts zum Katastrophengebiet ...

Oh, Kinzigtal,
oh Heimatland,
was hat man dir nur angetan?

Alles war zerstört, der Schaden war groß
seit damals werd ich auch mein Rheuma nicht los
die Straßen überflutet, überall große Not
am Sonntag fuhren wir zur Kirche im Boot

Der Erzbischof ließ eine Messe für uns lesen
erbat für alle Opfer den himmlischen Segen
der Landesvater kam, besah persönlich den Damm
Herr Adenauer schickte ein Beileidstelegramm

Oh, Kinzigtal,
oh Heimatland
was hat man dir nur angetan?

ALFRED ECKERLE

Es traf sich

Verglichen
mit meiner Frömmigkeit
sehe ich hier
zuviele Kirchturmspitzen
kurz: ich bin alt oder jung
zu Weihnachten aus Marzipan

ich beobachtete einen
von wechselnden Apfelbäumen aus
der lief wie ein Lauffeuer
ich rief ihn an
er hielt seinen verwunderten Gesichtsausdruck
in Händen, es traf sich

zusammen waren wir
zwei Silben in Deutschland
hintenrum waren wir krank
nach außen hin warfen wir uns vor den Zug
der spannte uns vor den Karren

die Blechhähne im Wind
tobten spektakulärer
denn je

ELISABETH MOOSMANN

Fahrt durchs Badische Land

In den Liedern dauert des Fahrenden Ort;
im Singen - Ankunft und Abschied;
die Quelle, an der dingfest machte das Liebste
und zu trinken verbot für Tage und Jahr.

Die Dörfer:
Breitende Madonnen im Kirchengetürm,
um das befremdlich sich geben die Leute;
die unterzutauchen lockend verbieten aus rufendem Mund.

Dies Land,
in dessen Rundung ein Faun tanzt
und mit gellendem Jauchzer im Gezweig übertönt,
was die Glocken schwengeln von traut her.

Die Matten;
das im Winter schon grünende Kornfeld,
das im schrägen Einfall der Sonne aufsteht und flieht
als wäre es nicht für die Ernte gemacht.

Und all seine Hoffnung -
    im Nicht-gefragt-werden liegt sie.

REINHOLD SCHNEIDER
Kloster Allerheiligen

Gegen meine Neigung muß ich mit Persönlichem beginnen, da ich vom Kloster Allerheiligen sprechen möchte; ich hatte gehofft, noch einmal den frischen Eindruck des großartig-ernsten Landschaftsbildes zu empfangen; aber Krankheit läßt es nicht zu. So sehe ich mich auf die Erinnerung verwiesen. Aber vielleicht läßt sich diese Erwähnung des Persönlichen rechtfertigen durch eine ganz eigene Beziehung, die ich zu Allerheiligen habe. Nach den Burgen um Baden-Baden war das Kloster an den Fällen des Grindenbachs, zweieinhalb Stunden von Ottenhöfen, wohl die erste Ruine, die ich gesehen habe. Es war in der unbegreiflichen fernen Zeit vor dem ersten Kriege, wohl an einem Allerheiligentag, da die Nebel über die Felsenschroffen sanken und den Blitz des stürzenden Wassers verhüllten; die Tannen ertrugen gleichmütig das leise Rinnen und Tropfen der die Luft erfüllenden Feuchte, die Zinnen der geborstenen Mauern, die Pfeiler und Bogentrümmer erschienen und verhüllten sich wieder, als wollten sie nur zögernd sprechen von dem, was sie erfahren hatten. Wohl zum ersten Mal ergriff mich die Vergänglichkeit mit unerhörter Gewalt. Ich wußte noch nicht, was Geschichte ist: dieses Ringen gegen die Zeit, die alle Formen bricht und auswäscht wie die Fälle des Schwarzwaldes das Urgestein und wußte nicht, was die sichtbar-unsichtbare Vollendung ist in der Zeit: der Sieg eines Menschen, eines Geschlechtes, die ihre Form erwerben, ihren Wert, ihren Glauben bezeugen, obwohl sie doch wissen, daß die sichtbare Form, das Zeugnis vergehen werden; ist doch auch die Klosterruine nur gleichsam aufgehalten für eine Weile in einem Sturz, den niemand abwehren kann. Ich wußte noch nicht, daß es mir, meiner Generation, aufgetragen war, sich den Ruinen, der Geschichtlichkeit zu stellen und um ihren Sinn zu ringen.

Glückliche, unfaßbare Tage, da der Boden noch fest, die Welt noch ein Ganzes zu sein schien; da das Gewölbe noch stand, dessen Bogen zu unseren Füßen liegen! Und doch will ich nicht darüber klagen, daß das Gewölbe zerbarst, das mich damals umschloß: seitdem ist mir der Blick in das Grenzenlos-Unvergängliche über dem Geschichtlichen aufgegangen; es war nicht gut zu glauben, daß die damalige Welt gültig und dauernd sei. Allerheiligen hätte es schon den Knaben lehren können, daß das Erbe unerbittlich ins Feuer geworfen wird, in dem es sich läutern soll; daß auch das Vaterhaus nicht dauern kann - und daß es gut ist, wenn ein Trug zerbricht, auf die Gefahr hin, daß eine Nacht auf uns herabstürzt, in der wir uns nur kraft der reinsten Werte zu behaupten vermögen.

Vielleicht sind dann fünfzehn Jahre vergangen, bis ich die Ruine wieder in ihrem Tal sah. Der erste Zusammenbruch war lange vorüber, die Welt des Knaben war untergegangen; aber ich hatte ihren Untergang nicht bewältigt: ratlose Schwermut war in mir zurückgeblieben. Als ich zwischen den Trümmern vor den leeren steinernen Sarkophagen stand, deren Höhlungen mit einer besonderen Rundung für das Haupt der menschlichen Gestalt nachgebildet ist, erschütterte mich die Frage nach den Toten. Wo waren sie? Wo war ihr Gebein? Wenn es aber verweht ist bis auf das letzte Staubkorn; wenn die wuchtige Truhe, die nach dem Glauben der Bestatteten erst die Gerichtsposaune und der Ruf des Herrn aufbrechen sollte, offen dem Regen, der Sonne ausgeliefert war und dem Schnee und den langen, kalten Herbstnächten, die das Gebirge umlagern:

wie sollten die Toten dann auferstehen? Und was war dann ihr Glaube? War er nicht widerlegt? Mich überwältigte die Sehnsucht nach dem Tode, nach dem Nicht-mehr-sein. Nie-mehr-sein. Ich wollte mich begraben lassen wie die Mönche von Allerheiligen, fest einschließen lassen in den Fels, aber in der gottesleugnerischen Hoffnung, daß dieser Fels nie mehr aufgebrochen werde; ich wollte schlafen, bald und für immer mich dieser Welt entziehen, von der ich bereits wußte, daß sie meine höchsten Hoffnungen nicht erfüllen, daß sie mich mit der immer neuen Erfahrung ihrer Tragik niederbeugen werde; ich wollte selber ein Nein sein an Welt und Überwelt im Tode.

Und ich vergaß die Särge von Allerheiligen nicht. Ich sah sie vor mir in fernen südlichen Ländern, denen eine Zeitlang mein Herz sich zuneigte fast mehr, als der Heimat; ich ahnte, daß ich die Frage dieser Särge nicht beantwortet hatte, als ich das Nichts bejahte; ja, sie waren es in gewissem Sinne, die mich auf jedem Wege in die Heimat riefen, mit ihr verbunden hielten, mich an sie ketteten; ich mußte ihr Gewicht tragen. Und langsam verstand ich, was sie wollten: die Auseinandersetzung mit dem Tragischen der Heimat und seiner möglichen Überwindung, die ja weder in der Bejahung noch in der Abschwächung liegen kann, sondern nur in der Ehrfurcht vor einem Stern, der aufgeht über der äußersten Enttäuschung. Waren die Toten widerlegt? Nein! Nur mein schwacher Glaube und meine eigensinnige Vorstellung von Dauer und Glück. Sie aber glaubten an die Wirklichkeit, die sie nicht sahen und die vom Geschick der sichtbaren Welt nicht zertrümmert werden kann. Wie groß war der Glaube! Wie arm der meine!

Und so brauchten wir eigentlich von Geschichte nicht mehr

zu wissen, als Allerheiligen zu sagen hat. In England und Schottland hat man es verstanden, Ruinen der in Reformation und Glaubenskriegen untergegangenen Klöster mit wunderbarer Kunst des landschaftlichen Empfindens in Elegien umzudichten; sie liegen im weichen, gepflegten Rasen, übersponnen von Efeu, überrauscht von Bäumen und dem Flug der Dohlenschwärme - so Fountains-Abbey und Rivaulx-Abbey und Melrose; an Allerheiligen aber hat die Natur selber weiter gedichtet, Wasser und Wald und Licht und die Gewalten in der Luft. Denn der Blitz hat den edlen Bau der Prämonstratenser getroffen schon vier Monate, nachdem man ihn - im Jahre 1803 - seiner hohen Bestimmung entzog. Man meint heute, es wäre damals nicht schwer gewesen, große Teile der Abtei zu erhalten, die eines der frühesten Beispiele gotischer Bauweise in unserem Lande ist, bestimmt vielleicht von Einflüssen aus Frankreich und der Schweiz. Aber dachte man nicht daran, eine Spinnerei in dem entweihten Hause anzulegen, aus dem Heiligtum eine Fabrik zu machen? War es dieses Kloster, das wegen der in ihm geübten Zucht weithin geachtet war, nicht würdiger, unterzugehen in einem Jahrhundert, das seine Bestimmung nicht mehr achtete? So verfügte Uta, Herzogin von Schauenburg, eine Erbin der Zähringer, im Jahre 1196: „Im Namen der heiligen und unteilbaren Dreieinigkeit von mir Uta, Herzogin von Schauenburg, allen Gläubigen Heil. - - Zu Ehren Gottes und aller Heiligen stiften wir ein Gotteshaus an dem Bach Nordwasser bei dem Büttensteinfelsen nach der Regel des seligen Augustinus und den Satzungen des Prämonstratenser Ordens, indem wir diesem Platze alle die Freiheiten gewähren, welche irgend ein Gotteshaus dieses Ordens genießt. Vor Allem aber verbieten und untersagen wir, daß Niemand unter dem Namen eines Vogtes oder Schultheißen noch irgend eine weltliche Person sich herausnehme, gegen diese Brüder oder ihre Huber oder Leute irgend eine Belästigung, noch Gewalt oder Zwang zu üben, sondern jeden Dienst, den sie irgend einem der Brüder erweisen, sollen sie dem Herrn und für den Herrn leisten."

„Wer diesen Bestimmungen in irgend einer Weise zuwiderhandelt, den wird für allezeit die Strafe Gottes und aller Heiligen treffen."

Allerheiligen wollte niemanden dienen als Gott dem Herrn, für den es erbaut war; es widersprach, als seine Hallen einstürzten; es widersprach noch mit leeren ausgeraubten Särgen - dieser eindringlichen Sprache, die man ihm lassen mußte; es widerstand der Zeit, die es erniedrigen wollte; es bezeugte den Glauben, der die Geschichte durchdringen soll, aber sich ihr nicht unterwirft.

Das Kloster steht für das Unsichtbare überhaupt, seine Würde und seine geschichtliche Macht. Wir wissen nur wenig von seiner Geschichte, wahrscheinlich ist sie nie geschrieben worden; was geschrieben wurde, ist wieder untergegangen wie die Chronik des Pater Georg Hempfer, der im Jahre 1648 starb. Kein von der Welt gerühmter Name leuchtet hervor. Was Allerheiligen war und vollbrachte, kann nur der Glaube sagen. Ein altes Siegel des Klosters zeigt fünf kniende Männer, um deren Häupter sich eine von fünf herabfallenden Strahlen gebildete Krone schließt. Nur für fünf Conventualen hatten Uta von Schauenburg und ihr Gemahl Welf VI. das Kloster bestimmt: sie sollten beten und an den Gräbern des Stiftergeschlechtes wachen. Und auch, nachdem die Zahl der Mönche sich auf das sechs- oder siebenfache erhöht hatte, nach-

dem das Kloster zur Abtei erhoben war - im Jahre 1657 - und ein Gymnasium unterhielt, das Unbemittelte in alten und neuen Sprachen, in Mathematik und Rhetorik unterrichtete, blieb es der ersten Bestimmung treu: Gott zu dienen und dadurch den Menschen und dem Lande.

Es ist alles Zähringer Land; Uta, die Stifterin, die auf der mächtigen Schauenburg über Oberkirch als ihrem Witwensitze wohnte, war die Tochter Gottfrieds von Calw und der Luitgarde, Erbtochter Bertolds III. von Zähringen; die Schauenburg war mütterliches Erbe; Uta war in erster Ehe mit dem Grafen Bertold von Eberstein vermählt; die zweite Ehe mit Welf VI. von Altdorf-Spoleto war unglücklich; der Herzog durchschweifte die Fremde; als sein einziger Sohn gestorben war, soll er reumütig, schwach, erblindet zurückgekehrt sein.

Offenbar war die Stiftung des Klosters als ein Werk der Sühne gemeint, in dem der Heimgekehrte sich mit der gekränkten Gattin verstand und versöhnte, freilich sah er den Bau nicht mehr. Er starb im Jahre 1191, da man, der Sage nach, einen Esel mit dem für den Bau bestimmten Gelde belud und ins Gebirge schickte, damit der Himmel selbst den Bauort wähle. Der Esel schlug auf dem Sohlberg einen Quell aus dem Felsen zu seiner Labe; aber die kluge Gründerin errichtete hier nur eine Kapelle zu Ehren der hl. Ursula und ließ eine halbe Stunde unter dem Gipfel den Grundstein des Klosters legen, das sie mit Ländern, Zehnten und Rechten aus dem umliegenden Lande, darunter auch mit dem Pfarrsatz aus dem alten, schon von Kaiser Otto III. vergabten Dorfe Nußbach im Renchtal bedachte.

Die Herrschaft Oberkirch war im Jahre 1203 von Udelhilde, Witwe Heinrichs von Freiburg, an das Hochstift Straßburg verkauft worden, in dessen Besitz sie bis zum Jahre 1801 bleiben sollte; vermehrt um angrenzende Stammgüter, erstreckte sie sich von den Höhen des Kniebis herab durch das Renchtal und seine Seitentäler gegen die Ebene bis an den Korker Wald. So wird die Geschichte des Klosters von der des Hochstiftes zu Straßburg regiert, wo das Kloster seinen eigenen Hof, das Haus zum Reibeisen, hatte. Als das Straßburger Domkapitel Mitte des 16. Jahrhunderts sich teilte und einen katholischen und einen protestantischen Bischof wählte, fiel die Herrschaft Oberkirch an diesen, einen Markgrafen von Brandenburg. Das Kloster und sein Umland hielten dem alten Glauben Treue, auch unter Vernachlässigung und Bedrückung durch den bischöflichen Vogt, bis Kaiser Rudolf II. durch einen Prämonstratenser aus dem Prager Kloster Strahow die Ordnung erneuern ließ; aufständische Bauern und Plünderer des Dreißigjährigen Krieges brachten Unheil und zogen endlich vorüber. Aber die schwerste Gefahr hatte das Kloster schon im Jahre 1470 bestanden, als in der Küche ausgebrochenes Feuer es verzehrte und die obdachlosen Mönche in dem schönen Dorfe Lautenbach über Oberkirch Unterkunft fanden: sie bauten dort eine stattliche Kirche und wären lieber in dem gesegneten, milderen Tal geblieben, als in der Waldschlucht. Im Jahre 1480 trafen streng gesinnte Chorherren die Verfügung, daß kein Probst mehr in Lautenbach wohnen sollte. „Weil dies die Verödung der heiligen Stätte, wo die Gebeine der Stifter und Wohltäter ruhten, veranlassen, dem Kloster selbst vor aller Welt ein abscheuliches Ärgernis und endlich den völligen Untergang zuziehen möchte." So erstand der Oberbau neu in der Bauweise des ausgehenden 15. Jahrhunderts, ein dreischiffiges Langhaus, aus dessen südlichem Querschiff die edle Allerheiligenkapelle vorragt; ihr von feinen Säulchen getragenes Gewölbe ist noch geschlossen, und noch ist, zur Seite des Altars, die Nische erhalten, in der die Meßkännchen aufbewahrt wurden. Aber der Chor des Langhauses ist zertrümmert, und nur noch die Maße, der Kern der Form, bekunden den großen Sinn der Erbauer und ihres Ordens, in dessen Wahl die Gründerin Uta wohl einer Tradition des Welfenhauses gefolgt ist. Der erste Probst soll Gerungus, ein Sohn Utas, gewesen sein.

Die Herren von Schauenburg, Eberstein, Neuenstein, Staufenberg, Winterbach, Ulmburg beschenkten das Kloster mit Wiesen, Rebbergen, Gerechtsamen; so fuhren die Getreidezehnten in die Klosterscheuer, aber auch Honig und Wein, Eier und Käse, Hühner, Schweine, Fische, Kälber, Gänse, Kapaunen, Heu, Hanf, Flachs, Mohn, Tabak wurden als Zins gebracht, Fronfuhren mußten geleistet werden. Wir erfahren mehr Zufälliges als das, was wir eigentlich erfahren möchten, wenn wir uns das Leben in Allerheiligen zu vergegenwärtigen suchen. Wie könnte es anders sein? Das eigentlich Große, Segenstiftende kann nicht verzeichnet werden. Und daran möchte Allerheiligen erinnern. Es ist eine zersprengte Samenkapsel, deren Kraft sich dem Volke, dem Lande mitgeteilt hat. Es war eine der schützenden, gestaltenden Kräfte, ohne die das geschichtliche Leben der bösen Macht verfiele. Es ist aber vor allen Dingen ein Ort gewesen, wo Menschen gerungen, sich vollendet, geopfert haben; wo das Vergängliche mit ganzer Seele anzulegen strebte die Unvergänglichkeit. Und so ist der Sieg in der Zerstörung ganz nahe: denen, die den Glauben der Erbauer teilen. Aber wie sollten auch Andere dieses Kloster und seine Botschaft verstehen? Ja, das Heiligtum ward zum Steinbruch, bis die Natur es verklärte; die Särge sind leer. Was heißt es anders, als: das Grab ist durchbrochen; als daß auch hier, an diesem Grabe, das Wort gilt: Er ist nicht hier! Das Wasser tost an der Ruine vorüber; hören wir nicht seine Klage:

> Ouwê war sint verswunden alliu miniu jar!
> Ist mir min leben getroumet, oder ist ez wâr?
> Wan daz wazzer fliuzet als ez wîlent flôz,
> für wâr ich wânde min unglücke wurde groz.
>
> (Owe wohin sind verschwunden alle meine Jahr!
> Ist mir mein Leben geträumt, oder ist es wahr?
> Nur daß das Wasser fließet wie es weiland floß.
> Fürwahr ich wähnte mein Unglück wurde groß.)
>
> (Walther von der Vogelweide)

Nein, es ist wahr. Es geht nur darum, die Bilder der Geschichte zu deuten, die gebrochenen Bogen wieder zusammenzufügen, den Engel an den verlassenen Gräbern zu ahnen. Das Werk der leidvollen Uta von Schauenburg an unserem Lande und Volke ist nicht vergeblich gewesen.

Aber, - da ich mit Persönlichem begonnen, so darf ich vielleicht damit schließen: es ist wohl die Aufgabe meines Lebens gewesen, eine Antwort auf die Frage zu suchen, die mir die leeren Särge von Allerheiligen stellten.

ELISABETH MOOSMANN

Kalvaria

Du stolperst so leicht
über den langen Zug
der schlurfenden Pilger
mit den durchsichtigen Augen
und den weißen Gesichtern
ausgemüdet
vom währenden Aufbruch
ins Nachher.
Mancher hängt sich
am Rand über einen Kreuzstock
und feiert Kalvaria
grad so am Weg
zu dieser Kapelle der Heiligen

ALFRED ECKERLE

Palmsonntag

Ich kaufte einen Wasserfall, den ich ihnen vorschlug.
Jetzt ist genügend Wasser da für unverbrauchten Durst.
Und verschmitzt lachte ich hinüber zu meiner Berufung:
Immer Sinn bringen, Sinn bringen. Jemand entgegnete:
Und schlafen? Alles dauert doch so lang! Ich erwiderte:
Nichts dauert so lang wie ein Gummibaum. Noch ehe ein
schneller Gummibaum sich sichtbar räkelt, sind wir fertig.
 Also zogen wir los. Jeweils der erste trug den Rucksack,
so wollte es das Gesetz. Jeder wollte für den andern etwas
tun,
und so drängten sich alle nach vorne, um der erste zu sein.
Ich aber war verwirrt wie ein Gastwirt am Palmsonntag und
schaute - zwischen ihren ausgreifenden Schritten hindurch -
ins Tal.

ANDREAS TILMAN BUCHTA
Fleisch und Kirche

Eben dämmerte es über dem rauhreifstarren Dorf, ein herrlicher Tag kündigt sich dem an, der Zeit und Muße hat, es zu bemerken. Im Zwielicht wirkt die Dorfstraße mit ihren Giebeln und Erkern wie in einem jener romantisierten Reiseprospekte. Der Kirchendiener enteilt dem düsteren Fachwerkhaus am Ende der Straße. Hastig durchquert er den ausgedehnten Zier- und Nutzgarten. Dort hinten, zwischen obligatorischem Teich und unvermeidlichem Pampasgras, harrt seiner in der Dämmerung eine etwas schemenhafte Gestalt und streckt dem ungeduldig Greifenden ein paar taufeuchte Blumen entgegen. „Für die Altarvase", kann sie ihm gerade noch hinterherrufen, eilfertig und im Grunde unnötig.

Zur Kirche selbst ist es nicht weit; er steckt dort schnell die Blumen in die Vase und eilt den Kreuzweg hinauf zur Kapelle, um dort aufzuschließen, den Blumen neues Wasser zu geben und das Weihwasserbecken aufzufüllen, wozu er allerdings, es sollte unbedingt sein Geheimnis bleiben, Wasser aus dem Bächlein hinter der Kapelle nimmt. „Der Glaube macht's", hat schon sein seliger Vater, auch Kirchendiener und Ortsbüttel obendrein, ihm eingebleut, und nun kann er's endlich erleichternd anwenden.

Die Verrichtungen in der Kapelle gehen schnell von der Hand, Sorgfalt ist nicht unbedingt geboten, eher Zuverlässigkeit und allseits sichtbare Präsenz, Abbild der großen Heiligen Kirche, die ihre Macht durch eben diese Tugenden im Laufe von zwei Jahrtausenden auf dem Heiligen Stuhl zu ersitzen vermochte.

Der Abstieg ins Dorf geht querfeldein, die Frühmesse beginnt in Kürze, und es ist noch einiges zu ordnen; die Arbeit dort läßt sich nicht ganz so rasch und glaubensbeflügelt erledigen, dazu beobachtet die Gemeinde zu genau; auch fließt kein Bach hinter der Kirche; und im Klo der Sakristei Weihwasser zu holen, das wäre denn doch des Frevels zu viel, auch für ihn.

Als er die Kirche erreicht, geht die Sonne gerade über den Giebeln auf; ihr gnadenloses Licht offenbart das wirkliche, ganz und gar unromantische Dorf mit seiner armseligen Metallwarenfabrik und seinen eintönigen Häusern, dessen ewig nach Ajax riechende Trostlosigkeit lediglich von gewissen Mitgliedern des Gemeinderats, allen voran Bürgermeister Säuerle, stolz als Ergebnis von Sauberkeit und Ordnungsliebe ihrer Mitbürgerinnen und Mitbürger gepriesen wird.

Er macht sich unverzüglich an die Arbeit. Noch ist der riesige Raum leer, nur ganz vorn sitzt wie eingenickt eine Gestalt, die sich jetzt langsam erhebt und auf den Kirchendiener zukommt.

„Guten Morgen, Alois", flüstert der Mann vorsichtig, obwohl sie allein in der Kirche sind. „Wir haben heut' nacht unsere Agathe schlachten müssen, das Kalb hat der Doktor noch retten können. Du mußt jetzt unbedingt das Fleisch anschauen. Um acht kommt der Eugen und holt's mit dem Lieferwagen ab."

Der Kirchendiener und Fleischbeschauer macht nicht einmal den Versuch zu widersprechen; er weiß, das wäre ebenso sinnlos wie Weihwasser in der Kapelle. Zudem sind sowohl er, als auch der Pfarrer es gewohnt, daß ihm beruflich etwas dazwischenkommt und richten sich entsprechend ein.

Er geht also gleich mit, holt aus der Sakristei sein Köfferchen und hinterlegt eine entsprechende Nachricht.

Die Straßen sind bereits hell, als sie auf den Josenhof zueilen, die Menschen beim Aufbruch zum Kirchgang. Kaum verwundert grüßen sie die beiden in die entgegengesetzte Richtung Enteilenden.

Die Josenbäuerin steht schon schürzeschwenkend unter der Tür. Der Fleischbeschauer legt seine schwarze Jacke ab und bindet die dargebotene Schürze um. Den ebenfalls schwarzen Hut läßt er auf, der stört nicht bei der Arbeit und mahnt darüber hinaus als steter Vorwurf den Bauern zu angemessener Dankbarkeit.

Die Kleinigkeiten, die ihm nachher aufgenötigt würden, sind so auffällig aufgebaut, daß er sie mithin entdecken muß. Sie entsprechen durchaus seinen gewiß bescheidenen Erwartungen. Sichtbar sorgfältig also geht er ans Werk.

Bedenklicher und bedenklicher furcht sich die Stirn, ängstlicher und ängstlicher macht der Bauer seinem Weib unauffällige Zeichen, daß sie die bereitgelegten Aufmerksamkeiten fast unauffällig vermehre, immer fassungsloser wird des Fleischbeschauers Murmeln; der Anblick unter dem Mikroskop muß furchterregend sein, so will es das Ritual, das bisher immer funktioniert hat, und bei dem stets ein jeder gut gefahren ist.

Erschöpft und sichtbar mit sich ringend greift er doch zum bereitgestellten Schwarzgebrannten, Ergebnis übergroßer Obsternten. Eilfertig schenkt die Bäuerin nach und der Bauer bringt Speck und Brot.

Noch eine Stichprobe zu untersuchen, würde den Reiz der Spannung neben all ihren wertsteigernden Begleiterscheinungen zweifellos erhöhen, zweifellos. Aber der Vielbeschäftigte käme doch zeitlich sehr in Verzug. Also beschließt nach kurzem, allerdings heftigem inneren Kampf der Kirchendiener in ihm, die Wende im Eilverfahren, das bedeutet mittels Mienenspiel einzuleiten. Er nimmt in tiefen Gedanken noch einen Schnaps, rollt den Schluck zwischen den Zähnen hindurch von Backe zu Backe, schluckt, gibt rülpsend unter vielen Wenns und Abers, Auflagen und Bedingungen, das Fleisch frei, bindet die Schürze ab, läßt sich die schwarze Jacke reichen, packt das Mikroskop und die unter allergrößtem Widerstand aufgenötigten Aufmerksamkeiten ins Köfferchen und eilt wieder der Kirche zu.

Der Pfarrer ist inzwischen bei der Wandlung angekommen, Zeit also für die Kirchenglocken. In der Sakristei steht schon Langnasen-Erwin und drückt eben den Knopf für das Geläut. Ausgerechnet der. Immer muß sich dieser Wichtigtuer vordrängen, ausgerechnet auf den muß der Pfarrer zurückgreifen, wo er ganz genau weiß, wie er, der Kirchendiener, über den denkt. Und niemals hat der auch nur die kleinste Schlachtung, wo man ihm eins auswischen könnte.

Verdrossen stellt er sein Köfferchen auf den Tisch, nimmt den aufgenötigten Schinken, Brot und ein Messer heraus und fängt an zu vespern, wie er es immer tut, wenn eine Situation sich zuspitzt, auch morgens um halb acht. Dazu nimmt er, ein falsches Lachen gen Erwin schleudernd, ab und zu einen kräftigen Schluck aus der Meßweinflasche. Diesem Angeber würde er die Lust am Meßnerdienst schon noch vermiesen.

Doch der Erwin, der zeigt sich nicht im Mindesten irritiert. Ihm scheint diese kuriose Brotzeit für einen so gehetzten Mann selbstverständlich. Er wünscht Guten Appetit und bittet lediglich um beschleunigte Nahrungsaufnahme, da er, der Fleischbeschauer, nach dem Gottesdienst eilends mit ihm kommen müsse; er habe schlachten müssen, ganz überraschend, eine Notschlachtung, und er würde sich schon erkenntlich zeigen, wenn er das Fleisch dennoch und unverzüglich freigebe.

HEINZ G. HUBER

Der Renchtäler Himmel
oder
Wie fern ist der Ozean

Wo die Berge so hoch sind, daß die Wolken sie verhüllen, reicht die Sehnsucht ins Metaphysische. Die Phantasien, die Ängste, die Hoffnungen stoßen an keine irdische Grenze mehr. Immer muß der Kniebis für die Renchtäler ein bißchen das gewesen sein, was der Olymp für die Griechen und der Ararat für die Anatolier war: ein Götterberg, dem alles entspringt - Himmel, Erde, Meer.

Es scheint indes nichts von alledem übriggeblieben zu sein als der Verschnitt eines Tourismusparadieses. Autostraßen haben die Höhen erobert. Herumtourende Feriengäste sausen über die Schwarzwald-Hochstraße, die Autolautsprecher so laut aufgedreht, daß es dröhnend über die Wipfel schallt. Brummis steuern auf Abwege, die Fahrer machen sich einen Spaß daraus, mit ihrem Gefährt auf Sightseeing-Tour zu gehen. Busse halten zuhauf am Mummelsee, Menschenschwärme fallen über die Souvenirläden her. Man hat gewaltige Schneisen in den Wald geschlagen für Wege, Skilifte, Pisten, Parkplätze, Liegewiesen. Nichts mehr scheint so, wie es war. Das halbverdorrte Gras ist niedergetreten worden, leere Coladosen liegen herum. Was soll man fotografieren? Dahinsterbende Tannen? Fast alles deprimiert den, der mit offenen Augen umherläuft. Am besten, man richtet sein Objektiv auf lächelnd fotografierende Japaner.

Oder man flieht weit genug weg von den Asphaltstraßen. Es gibt noch den dunklen Schwarzwald, wenn man sich zu Fuß aufmacht, möglichst außerhalb der Saison bei möglichst schlechtem Wetter. Die Wolken laufen auf, Nebelfetzen hüllen die Tannen und Fichten ein und spucken in die Farne. Alles Bestimmte verliert seine Konturen. Weiße Gestalten huschen über die Pfade, rußgeschwärzte Köhlergesichter lauern in den Dickichten. Sogar der Mummelsee wird an dunklen Novembertagen wieder zu einem geheimnisvollen dunklen Auge zwischen den Tannenstämmen. Man erinnert sich an Simplicius' Gang zu den Sylphen ins Innere des Sees, wo alle Wasser in einem universalen Zusammenhang stehen. Man muß sich verlieren können, um sich zu finden.

Der Blick gleitet über die Waldkuppen hinweg hinunter auf die Täler. Die Fläche kippt steil ab nach Westen, Geröll kollert zutal, Wurzeln krallen sich im Gestein fest. Die Höhe wird zur Erhabenheit, was in der Tiefe liegt, verkleinert sich zur Miniatur und wird unscheinbar. Fast körperlich wird das Gefühl für die Höhenlinien. Die Tiefe verlockt - zum Flug, zum Sturz. Haltlos zu fallen erscheint fast wie eine erotische Verlockung. Man könnte im Nebelmeer, das sich bei Inversionswetterlage über die Täler legt, versinken, im Blick die ferne Küste, die Gipfel der Vogesen.

II

Auch Steine altern. Frost sprengt sie aus dem Hang, Wasser höhlt sie aus, die Bäche schleppen sie zutal. Wer im Vergänglichen Trost sucht, könnte die Erdgeschichte bemühen. Der oberrheinische Graben bricht ein, an den Rändern falten sich

Schwarzwald und Vogesen auf. An den Verwerfungsstellen treten aus großer Tiefe Thermal- und Mineralquellen an die Oberfläche. Als die eiszeitlichen Gletscher abtauen, graben die Wasser die Talmulden aus und schleppen Schutt und Geröll in den Oberrheinischen See. In Mäandern windet sich die Rench abwärts, undurchdringliche Wälder ziehen sich von ihren Ufern bis hinauf auf die Kuppen.

Die Römer, die in Straßburg ein Legionskastell bauten, trauten sich nicht in das unheimliche Tal. Erst im Hochmittelalter traten adelige Herren in Wettlauf miteinander, besiedelten die Gebiete und gewannen Land, Leute und Macht. Die Prämonstratenser des um 1192 gegründeten Klosters Allerheiligen meditierten in der Waldeinsamkeit und bewirteten die Gäste, die sich in das unwegsame Gebiet verirrten. Ein Klausner war der erste Bewohner des Kniebis. Die erste Verbindung über den Schwarzwald stellten wohl die Zähringer her. Es waren die geschäftstüchtigen Herzöge von Württemberg, die von Osten her in das Waldgebiet vorstießen. Sie gründeten 1599 Freudenstadt und bauten die Paßstraße über den Kniebis aus.

Die Rench, die bisher allein die Landschaft gestaltet hatte, bekam Konkurrenz. Schneisen wurden in die Wälder geschlagen, mächtige Holzstämme auf den Bächen weggeflößt. Die Rench verlor ihre Freiheit und mußte Klopfsägen und Mahlmühlen antreiben. Der Reutebrand an den steilen Talhalden schuf Platz für den Feldbau. Der Wald lieferte Holz für Häuser, Schiffe, Wagen und Werkzeuge, er prägte die Zivilisation und die Menschen. Aus seinem Holz sind die knorrigen Gesichter geschnitzt, die hie und da noch zu finden sind.

Im Quellgebiet heißt die Rench die wüste oder wilde Rench,

sie führt mit Getöse und Theatralik ihre Gewässer zutal. Bis Oppenau bleibt das Tal eng. Für die Toten gibt es keinen Platz, die Friedhöfe im Hintertal liegen hoch oben auf der Halde. Der Wald bildet einen grünen Horizont; wenn die Sonne tiefsteht, wird es schnell dunkel. Im Winter erhellt das Schneelicht die tannenschwarze Nacht, das Licht eines Bauernhofes hoch oben auf dem Berg funkelt gelegentlich herüber.

In Peterstal fängt die Welt an, hier gibt es die „Nationalzeitung", den „Spiegel" und die „Frankfurter Allgemeine" zu kaufen. In der Saison herrscht hier der permanente Sonntagszustand, die Kurgäste halten die Cafés, die Bänke, die Trinkbrunnen und die Geschäfte besetzt; die Einheimischen in ihrer blauen Schaffkleidung wagen sich kaum aus den Häusern. Der Zuerwerb durch Zimmervermietung hilft, über den schneereichen Winter zu kommen. Angesprochen fühlen sich freilich mehr die älteren Semester, die in die ruhigeren Jahre gekommen sind; ihre Kinder und Enkel zieht es nach Spanien oder nach Ibiza. Allgegenwärtig sind die Sägewerke, sie halten seit Jahrhunderten den Wald in Schach, schneiden unentwegt Dielen, Sparren und Borde aus den Stämmen. Es gibt da nebeneinander das hochtechnisierte Holzwerk mit computergesteuerten Sägen und den archaischen Zweimann-Betrieb, doch alle wollen und müssen leben.

Oppenau liegt in einem großzügigen Talkessel. Von allen Seiten fließen die Bäche hier zusammen, aus allen Seitentälern strömen am Sonntagmorgen die Bauern in der Kirche zusammen. Die Gespräche nach dem Gottesdienst sind mindestens genauso wichtig wie dieser selbst: „Berg und Tal kommen nicht zusammen, aber die Leute." Oppenau war einst der Ausgangspunkt des Abenteuers „Schwarzwaldüberquerung". Die alte

Paßstraße über den Kniebis führte in steilen Windungen über den Roßbühl zur Zuflucht hinauf, nicht durchs hintere Renchtal. Beherbergungsbetriebe, Post- und Pferdestationen konnten ganz gut leben, zumal der Weg durch das Renchtal die kürzeste Verbindung zwischen Ulm und Straßburg war. Dazu kamen die Kübler und die Brettschneider, die Schnefler und die Weber, die Metzger, Müller und Krämer. Die Häuser scharen sich in drangvoller Enge zwischen dem Lierbach und dem steil aufsteigenden Nordhang zusammen, daß kaum Licht in die Häuser zu fallen scheint. Es verwundert nicht, daß Brände wie der von 1615 gleich die ganze Stadt vernichten konnten. Die Neureichen bauen ihre Villen hoch hinauf auf die Hänge, wo sie sich besonnen lassen können.

Zwischen Bahn und Straße eingezwängt, fließt die Rench beschaulich das Tal hinunter. Bei Hubacker muß sie durch ein Nadelöhr, bevor sie bei Lautenbach den Taltrichter erreicht. Rebzeilen ziehen sich jetzt die Hänge hinauf, Obstbaum- und Beerenkulturen breiten sich aus. Die Neubaugebiete beginnen zu wuchern, selbst das obligatorische Hochhaus, das Prestigeobjekt aller Provinzbürgermeister der 60er und 70er Jahre, darf nicht fehlen. Durch Oberkirch wälzt sich schier endlos der Verkehr. Die Rench als Landschaftsgestalterin hat sich längst verabschiedet; der Mensch hat mit solchem Eifer die Schöpferrolle übernommen, daß er dabei ist, die Natur zu vertreiben.

III

Ein paar Mauern stehen noch. Hemmungslos wuchern Wollgras und Brennesseln. Der Graben ist halb mit Geröll verschüttet.

Halbmorsche Holzgeländer, einmal von bemühten Heimatpflegern angebracht, sollen den Besucher sichern. Die Pfade wachsen zu, in den Mauern nisten Efeu und Moose. Der Hang fällt zur Talseite hin steil ab. Die Burg Neuenstein sperrte einst zusammen mit der Bärenburg den Zugang zum Oppenauer Tal, dem hinteren Renchtal, ab. Den Eingang des Tals sicherten die Burgen Fürsteneck, sowie die Schauenburg und die Ullenburg.

Die Berge wuchsen den Talbauern über den Kopf, standen darauf doch überlebensgroß die Burgen als Symbole drohender feudaler Herrschaftsgewalt. Gülten und Zinsen waren zu zahlen, Steuern und Zehnte waren zu entrichten, Hand- und Spanndienste waren zu leisten. Jeder Stein, aus dem die Burgen gebaut wurden, mußte von den Talbewohnern den Hang hinaufgeschunden werden. Daß alles Gute von oben komme, war damals wohl eher eine ironisch begriffene Weisheit. Die Vollbauern im Hintertal, die Huber, hatten als Rodungsbauern seit dem Hochmittelalter noch gewisse Freiheiten, so zum Beispiel ein eigenes Recht und Gericht. Doch die vielen kleinen Tagelöhner, die als Säger, Waldarbeiter, Harzer, Schnefler, Schindelmacher, Kienrußbrenner, Beerensucher und bäuerliche Saisonarbeiter sich durchschlagen mußten, waren rechtlos, ihre niedrigen Hütten duckten sich zu Boden. Und den Himmel, die Hölle für alle, machten die Mönche von Allerheiligen. Mit Bedacht mehrte man seine Ansprüche auf das Paradies, indem man Schenkungen an Land und Geld machte, Seelenmessen lesen ließ und Bildstöcke setzte.

Landesherren im Renchtal waren bis 1803 - mit Ausnahme der Zeit der württembergischen Pfandherrschaft in der ersten Hälfte des 17. Jahrhunderts - die Bischöfe von Straßburg. Der

letzte Vertreter war jener lebenslustige Kardinal Louis de Rohan, der in die berüchtigte Halsbandaffäre verwickelt wurde und so als Liebhaber der Königin erschien. Die Württemberger waren im 17. Jahrhundert daran gegangen, mit schwäbischem Fleiß merkantilistische Unternehmenspolitik zu betreiben. Sie errichteten in Oberkirch ein Eisenverhüttungswerk und bauten die Renchtalstraße nach Freudenstadt aus. Sie versäumten es auch nicht, mit großem Gefolge ins Tal zu kommen, fürstlich zu speisen und ganz nebenbei ihre Einnahmen zu erhöhen, indem sie beispielsweise den Oberkircher Müllern die Pacht unverschämt hinaufsetzten. Wahrscheinlich rührt schon seit dieser Zeit die Schwabenfeindlichkeit der Renchtäler her, denn es gibt nichts Schlimmeres für sie, als beispielsweise von den Elsässern als „Schwaben" bezeichnet zu werden. Vielleicht haben die Freßexpeditionen der württembergischen Herzöge schon damit etwas zu tun, daß man bei jedem FDS-Kennzeichen „Friß dich satt" buchstabiert. Die einzigen Witze, die die etwas einsilbigen Renchtäler kennen, sollen Schwabenwitze sein. 1952, als das Land Baden-Württemberg gebildet wurde, mußten nicht nur die Renchtäler die Neuauflage der württembergischen Fremdherrschaft erleben.

Ansonsten schien Herrschaft etwas Natürliches zu sein wie der Wind und das Wetter. Die Renchtäler formulierten so: „Wenn de Herrgott d Litt strofe will, nimmt er de Herre de Verstand." Herrschaft war mithin nicht abschaffbar, man konnte nur die Hoffnung haben, so glimpflich wie möglich davonzukommen. Im Bauernkrieg blieb es im Renchtal zunächst ruhig, der Anstoß zur Erhebung kam von außen. Als alle Regionen sich erhoben hatten, wollten die Renchtäler nicht ganz abseits stehen. Statt die Machtbasis der Herren zu zerstören, schloß man in Renchen schnell mit ihnen einen Vertrag, der natürlich von diesen nicht mehr eingehalten wurde, als sie ihre militärische Überlegenheit wiedergewonnen hatten. Auf die Palme brachte die Renchtäler schon eher der Streit um die Nutzungsrechte am Wald, den es vor allem mit dem Kloster Allerheiligen gab. Im Gefolge der Französischen Revolution kam es 1789 zu einem regelrechten Aufstand, der mit Militär niedergeschlagen werden mußte. Freilich ging es auch hier nur um Waldnutzungsrechte, nicht um Freiheitsrechte oder Demokratie. Wer im Tal wohnte, konnte augenscheinlich nur in den Kategorien von oben und unten denken. Der Liberalismus hatte im 19. Jahrhundert nur bei einer dünnen Honoratiorenschicht in den Städten Oberkirch und Oppenau eine Chance, während das Land schwarz wählte. Das ist bis heute so geblieben. Linke beackern hier ein steiniges Feld. Das Oppenauer Juso-Grüppchen wurde vor einigen Jahren beim Fasnachtsumzug harsch hergenommen. Man belud einen Wagen mit Mist und schrieb darauf: Das machen die Oppenauer Jusos. Das Lachen konnte einem im Halse steckenbleiben. Wer im Renchtal Herrschaftsstrukturen infrage stellt, kriegt es immer zuerst mit den vermeintlich Beherrschten zu tun.

Die schlimmsten Leiden verursachten die zahlreichen Kriege, die Veranstaltungen herrschaftlicher Macht waren. Seit dem 17. Jahrhundert gab es in rascher Folge Truppendurchzüge und Plünderungen französischer, schwedischer und kaiserlicher Truppen. Vor allem gegen das absolutistische Frankreich, das eine rücksichtslose Machtpolitik betrieb und innerhalb dessen „Verwüstungsgürtel" das Renchtal lag, entwickelten die Renchtäler erklärlicherweise einen glühenden Haß. Wenn man in einem Seitental ein paar Franzosen erwischen konnte, machte man mit ihnen kurzen Prozeß. Den Franzosen ging es auch um die Kniebispässe, die Einfallstore nach Süddeutschland waren: wenn sie auftauchten, kostete es Kontributionen, Plünderungen oder gar das Leben. Daß der nationalistische Franzosenhaß gerade hier auf fruchtbaren Boden fiel, verwundert nicht. Geschichte erlebten die Renchtäler so als Objekte, als Ausgelieferte. Wäre es nach ihnen gegangen, hätten sie Gras Gras und Himmel Himmel sein lassen. Sie schnitten ihre Reben, brannten Schnaps und hofften, daß die „Herren" sie in Ruhe ließen. Man erwartete von den „Herren" nicht viel, eigentlich nichts oder nichts Gutes. Daß sie eben „Herren" waren, sagte und entschuldigte schon alles. Es ging viel Wasser die Rench hinunter, ohne daß sich viel änderte.

IV

Simplicius erhält bei seinem Gang ins Innere des Mummelsees vom König der Sylphen ein Geschenk: einen Sauerbrunnen. Wie ein begabter Tourismusmanager träumt er davon, einen florierenden Badebetrieb aufzuziehen. Er dingt schon im Geist „verschmitzte Hausknechte, geizige Köchinnen, vorsichtige Bettmägde, wachsame Stallknechte und saubere Brunnen- und Badeverwalter". Aus dem schönen Geschäft wird jedoch nichts - als er die Nacht bei Harzern im finstersten Wald verbringen muß, geht ihm der Sauerbrunnen an diesem entlegenen und denkbar ungeeigneten Ort los: Ihm wurde „gählings, als ob einer bei mir läge, der ins Bett brunzte; denn ich lag unversehens ganz naß. O mirum: Da war Troja verloren und alle meine vortrefflichen Anschläge waren dahin!"
Um so geschäftstüchtiger waren die Landesherren des

Renchtals, die Bischöfe von Straßburg und die Herzöge von Württemberg, die um diese Sauerbrunnen einen einträglichen Kur- und Badebetrieb aufbauten. Im Barock kostete man alle Vergnügungen bis zum Exzeß aus. Da wurde gut und reichlich gegessen. Tabernaemontanus rühmte 1584 die „gute Schnabelweide" im Griesbacher Sauerbrunnen. Es gab Fleisch, Forellen, Hühner, Vögel, Wild und andere Leckereien. Johann Michael Moscherosch läßt seine literarische Figur Philander von Sittewald bekennen, er habe sich mit seinen Kumpanen im Sauerbrunnen „so doll und voll gesoffen, daß wir kotzen mußten". Genauso extrem, wie er aß und trank, kurte der fette Herzog Friedrich von Württemberg seine Gebresten aus. Er soll täglich zwölf Stunden im Badebottich gelegen haben und dabei mehrere Liter Wasser getrunken haben, wobei ihn Spielleute mit Lautenspiel wachhalten mußten.

Die wundersamen Heilerfolge waren oft genug auf erotische Körper- und Seelenbehandlungen zurückzuführen, denn in dieser Hinsicht hatten die Sauerbrunnen, wie schon Grimmelshausens Simplicius kundig zu berichten weiß, einiges zu bieten. Neben Wirtshäusern, Bierhäusern und Spielhäusern gab es nach Moscherosch auch Hurenhäuser. Es wurde frivol gesungen, jubiliert, hofiert und geküßt, daß es gestrengen Moralisten fast wie eine Strafe Gottes erschien, als 1677 das Griesbacher Badhaus, dieses verrufene Sündenbabel, bis auf die Grundmauern niederbrannte.

Noch bis in das letzte Jahrhundert waren die Renchtalbäder Treffpunkt der großen Welt. Im Jahr 1871 konnten sogar der russische Zar und Kaiser Wilhelm in die Gästeliste eingetragen werden. Die badischen Großherzöge waren Dauergäste, so daß es nicht verwundert, daß in Griesbach 1818 die erste badische

Verfassung unterzeichnet wurde. Ein anderer prominenter Kurgast, der Zentrumspolitiker und Reichsfinanzminister Matthias Erzberger wurde 1921 an der Griesbacher Steige von rechtsradikalen Attentätern ermordet. Kurorte waren immer ein Stück Welttheater; man kleidete sich elegant, sprach gepflegtes Hochdeutsch oder besser noch, Französisch, und zeigte betont aristokratische Umgangsformen. Das Sein reduzierte sich auf den Schein. Der Ansturm der proletarischen Massen hat die alte Aristokratie und den Geldadel in Kurreservate wie Baden-Baden getrieben („Ihr Niveau"). In den Renchtalbädern dagegen kuren heute die wirklich Kranken und Erholungsbedürftigen. Im 18. Jahrhundert ließen sich viele reiche Straßburger Damen per Ehekontrakt eine jährliche Kur im Sauerbrunnen zusichern. Das Griesbacher Müttererholungsheim beherbergt heute Frauen, die ein paar Wochen Ausspannen wirklich nötig haben. Wenn heute jemand Eskapaden sucht, legt er sich auf unspektakuläre Weise seinen stillen Kurschatten zu. Man bemüht sich um die Gäste mit Folklore, Blasmusik und Vorträgen, aber Weltniveau ist das natürlich nicht. Eine bemühte Freundlichkeit sucht vieles wettzumachen, zudem kommen die Gäste wegen der Natur und der gesunden Luft. Schätze verdient man auch heute beim Fremdenverkehr nicht; die Leute, die am meisten von den Sauerbrunnen profitieren, sind wohl die Sprudelabfüller - vorausgesetzt, der Sommer wird heiß.

V

Öffnet man die Tür des kleinen Häuschens, so dampft und brodelt es. Ein Alchimist scheint am Werk zu sein. Er öffnet die Tür des mächtigen Brennofens, schiebt Buchenscheite nach, während das flackernde Feuer den Raum geisterhaft erhellt. Zischend entweicht die kochende Maische in den bereitgestellten Bottich. Aus den Holzfässern im Keller wird in Eimern und Milchkannen das Material für den nächsten Brand herbeigeschleppt und in den Kessel eingefüllt. Ein Brenner ist am Werk. Nach einer Weile rinnt ein dünner, klarer Strahl aus dem Kühlkessel, wo sich der Alkoholdampf kondensiert. Mit der Alkoholwaage wird der Rohbrand gemessen, dann wird das hochprozentige Wässerchen in eine der mit Korbweiden verkleideten Guttern abgefüllt. Am Ende steht dann ein zweiter Durchlauf, der Feinbrand.

Es gibt kaum eine Situation, die ohne die Hilfe von Schnaps bewältigt wird. Er wärmt im Winter bei der Waldarbeit auf, er wird als Begrüßungs- und Abschiedstrunk kredenzt, als Präventivmittel gegen Grippe morgens in den Kaffee geschüttet. Mit Schnaps werden Wunden desinfiziert und heilende Wickel gemacht; wenn es irgendwo am Körper schmerzt, wird mit Schnaps eingerieben. Auch das innere Weh wurde bekämpft, manchmal jedoch zu häufig. Die Renchtäler Pfarrherren klagten regelmäßig über das im Renchtal verbreitete Schnapstrinken. Das sei freilich kein Wunder, da man schon den Wickelkindern den Sauger in Schnaps tunke, um sie zu beruhigen. Die feinen Wässerchen mit Kirsch-, Himbeer- oder Mirabellengeschmack fanden freilich auch in der Stadt ihre Liebhaber.

Im Renchtal gibt es heute um die 1500 Abfindungsbrennereien, die das Recht haben, jährlich bis zu 300 Liter Alkohol herzustellen, was ca. 7% des bundesdeutschen Branntweinaufkommens entspricht. Daß das Destillieren im Renchtal sich so sehr verbreitet hat, ist dem Straßburger Fürstbischof Armand de Rohan zu verdanken. Er gestattete 1726 allen Untertanen in seinem Herrschaftsgebiet Oberkirch das Brennen von Kirschen aus eigenem Gewächs und beseitigte damit das Branntweinmonopol der Oppenauer Küferzunft. Der Obstbau im vorderen Renchtal dehnte sich daraufhin stark aus. Im Hintertal spezialisierten sich ganze Tagelöhnerfamilien auf das Sammeln von Heidelbeeren, Himbeeren und Brombeeren, die im Brennhäusle der großen Höfe zu hochprozentigem Klaren gebrannt wurden.

Der Staat kassierte - wie bei jedem Laster - kräftig mit. Angesichts immer höherer Abgaben und Ausbeutesätze wurde die Versuchung zum Schwarzbrennen immer größer. Da benutzte ein gewitzter Vordertäler seine Kenntnisse aus dem 1. Weltkrieg dazu, „eine nach Art eines kriegsmäßigen Unterstandes in den Berg eingebaute Geheimbrennerei" zur illegalen Schnapsherstellung zu nutzen. Doch gegen die geübte Nase des Zöllners, der im Renchtal mit Recht als Schnüffler im eigentlichen Wortsinn bezeichnet werden kann, hatte er keine Chance. Da wurden die verräterischen Dämpfe unter dem Misthaufen ins Freie geleitet, der jedoch dadurch in Flammen aufging und dem Beamten den Weg wies. Kam ein Zöllner, wurde schnell das Maischefaß versteckt und der Schnaps in den Bach geschüttet, daß die Fische ins Taumeln und das ökologische Gleichgewicht ins Schwimmen kam. Und wenn es darum ging, den schwarzgebrannten Schnaps abzusetzen, kam es zu Szenen wie in spannenden Wildwestfilmen. Einem Renchtäler Schwarzbrenner wurden nach einer wilden Verfolgungsjagd 1936 die Reifen zerschossen; erst dann gab er auf.

Die Tüchtigkeit der Zollbeamten setzte den Renchtäler Kleinbrennern so zu, daß sie schon mal auf die Barrikaden gingen. 1959 kam es zu einem regelrechtem Schnapskrieg. Auf einer Protestversammlung in Ödsbach wußte der Besitzer des auf dem Berg liegenden Anwesens auf Fürsteneck zu berichten, daß die Zöllner sich im Gebüsch seines Anwesens versteckten, gleichsam als seien sie auf Verbrecherjagd. Mit Ferngläsern hätten sie die Höfe der Umgebung auf Schwarzbrenner abgesucht. Der Ödsbacher Bürgermeister wußte gar zu berichten, daß ein Schulkind in einem Hof verängstigt Hilfe suchte, weil es einen verdächtigen Mann - wie sich herausstellte, einen Zollbeamten - im Gebüsch liegen sah. Ein Landwirt bekam sogar im Angesicht eines resoluten Zöllners einen Herzanfall. Die Kleinbrenner verlangten in der Presse, „auch als Menschen behandelt zu werden".

Das so ungeliebte Monopol wird heute von den Kleinbrennern entschieden verteidigt - gegen alle Anschläge des Bundesfinanzministeriums und der Europäischen Gemeinschaft. Die Erhaltung der ökologisch wertvollen Streuobstbestände ist ohne die Verwertung des Obstes zur Destillation nicht denkbar.

Der Schnaps hat den Renchtälern schon über manche Durststrecke hinweggeholfen. Die Amerikaauswanderer aus dem Renchtal bekämpften die Seekrankheit mit heimischem Kirschwasser. In der Nachkriegszeit konnte einiges mit Hochprozentigem „kompensiert" werden. Manche Kirchengemeinde verdankt ihr Glockengeläut der Bezahlung in alkoholischen Naturalien, allerdings hört man es nicht sehr gerne, wenn von den „Schnapsglocken" gesprochen wird.

VI

Von einem Punkt, immer nur von einem Punkt geht das Leben aus. Dort sammelt man seine ersten Erfahrungen, komponiert man seine frühen Bilder zusammen. Die Freude über das Gewimmel der Kleinfische und Krebse im Bach. Das Grillenzirpen an lauen Sommerabenden, während die Nachbarn im Hof zusammensaßen und über Gott und die Welt sich ausließen. Die schönen grausigen Mordgeschichten, die uns eine alte Tagelöhnerin beim Heuwenden erzählte. Das Dorforiginal und seine Sprüche: „Wenn de Kiähdreck so billig word wiä de Butter, nor kumme d Heide." Die verbotene Besteigung des Glockenturms durch dunkle Labyrinthe und über schwankende Leitern. Das geheimnisvolle Reich der Zeit, Geburt und Tod verkündende Glocken. Der Blick über die eng aneinandergescharten Dächer und die erste Ahnung davon, wie klein das Dorf war. Die Sonntagnachmittage an der belebten Durchgangsstraße. Draußen wartete die Welt.

Die Scheuern, in denen wir spielten, sind abgerissen. Den Dorfbach hat man mit alten Grabsteinen vom Friedhof eingemauert. Das Neubaugebiet ist größer geworden, fast alle arbeiten in der Stadt. Man kann sogar werktags ungestraft spazieren gehen. Es gibt wilde Ehen, Zigeuner, Protestanten, Kriegsdienstverweigerer und Asylanten im Dorf. Niemand wird mehr Landwirt, weil er weniger verdient als ein Arbeiter und nur schwer eine Frau findet. Das Dorf ist nicht mehr das Dorf, sondern Stadtteil. Alles ist anders geworden. Man bleibt mit seinen Kindheitserinnerungen zurück wie eine Insel. Kein Weg führt zurück. Es bleiben die Entfernungen, die die verlorene Zeit, das aufgebrauchte Leben markieren.
Wer dem Dorf einmal entkommen ist, bleibt verloren. Er läßt sich nicht wieder einbinden in das Sozialgefüge von Neid und Nachbarschaft, Besitzhierarchie und Kirchenglauben, Bürgermeisterdemokratie und Gewohnheitsrecht. Wie der Märchen-

held muß der Dörfler in die Welt hinaus, um sich selbst zu finden. Wer zurückkehrt, kehrt in die Fremde heim. Es ist eine Illusion zu glauben, daß man sich dort wiederfinden könne, wo man herkommt.

Jede Rückkehr verbindet sich mit einem neuen Schock. Die Linden an der alten Dorfwirtschaft wurden gefällt. Die Obstbaumwälder lichten sich immer mehr. Die Renchwiesen, die Bachauen, auf denen im Frühjahr die Schäfer das Tal hinauf, über den Schwarzwald bis heim auf die Alb zogen, sind umgebrochen. Wie Tafelberge ragen von weitem die Aufschüttungen für die neue Brückenrampe empor. Die Bäche zeigen trotz aufwendiger Kanalisationsmaßnahmen kaum eine Spur von Leben. Das Neubaugebiet frißt die Gemarkung auf; überbreite Asphaltstraßen und autogerechte Höfe beherrschen das Bild. Statt Kirschbäumen werden Blautannen, statt Astern werden exotische Gewächse angepflanzt. Wo sich ein Gräschen außerhalb der Kulturfläche regt, wird ihm mit der Giftspritze der Garaus gemacht.

Es gibt einen Wendepunkt, der mehr nur als eine ontologische Erfahrung gelten kann: die Vertreibung der Natur aus der Landschaft. Hemmungslos werden Straßen und Häuser gebaut, Sportplätze angelegt; die Natur wird da, wo sie im Wege ist, beseitigt. Es wird gerodet, begradigt, verdohlt, aufgefüllt, betoniert, versiegelt, flurbereinigt. Es gibt da die „Aktion Naturschutz" und den „BUND", die entgegenzuarbeiten versuchen, unterstützt von einem wohlwollenden Bürgermeister und bekehrten Flurbereinigern. Im vorderen Renchtal konnten so einige Maßnahmen wie naturnaher Ausbau der Bäche, Schaffung von Feuchtbiotopen etc. verwirklicht werden. Die Bauernfunktionäre und Chemielandwirte stehen mit den Naturschützern auf Kriegsfuß. Einem Naturschützer, der die Bachverschmutzung mit Brennschlempe anprangerte, wurden dreimal zu Tode gequälte Raubvögel vor die Haustür geworfen. Sein Kollege wurde, als er auf ein falsch aufgehängtes Rebnetz hinwies, in dem sich zahlreiche Singvögel verfingen und qualvoll verendeten, gleich handgreiflich von einem Winzer traktiert. Im Flurbereinigungsgebiet wurden Bäume gefällt, Hecken herausgerissen; man ließ nachts einen Schieber herunter, so daß die ganze Bachpopulation verendete. Und es wurde kräftig geschimpft auf eine Bürgerinitiative gegen die Atomstrahlung von Tschernobyl, die mit ihren Verbraucherempfehlungen den fleißigen Bauern den Absatz verdarb. Kleinkriege haben eine lange Lebensdauer, denn sie nähren sich aus fest eingefahrenen Feindbildern. Man bekämpft die Naturschützer, indem man der wehrlosen Natur den Krieg erklärt.

Heimat liegt im Nirgendwo. Die Bilder dazu liefert uns der Ort unserer Herkunft. Lebenslang beschäftigt uns die Kluft zwischen dem, was ist, und dem, was sein müßte. Im Angesicht der Niederlagen, der drohenden Katastrophen, der Verzweiflung legt jeder sich sein eigenes Panoptikum zu, seine gesammelten Bilder des Glücks, die ihm einmal die Kraft geben sollen, ohne Angst und Reue zu sterben.

ALFRED ECKERLE

Vor der Sportschau

Samstagnachmittag, das Gebrüll
fällt, Beifall, Zischen,
ins Tor. Zusammengenommen
ein Sterbenswort,
das sich wiederholen kann
jeden Augenblick. Ich habe die Gasse
wie leergefegt. Ein Kind geht um,
es darf lautlos
das Pfarrblatt in die Briefkästen stecken.
Ein Versteckspiel
punkt Fünf,
die Situation von
atemlos geröteten Backen.
Ins Zerstieben der Kinder hinein
und vorbei
trampeln die Männer, sie haben
sich Appetit geholt beim Fußballspiel,
Gesprächsstoff.
Wenn jetzt noch ein Tor fiele,
ach, es wäre unverständlich.

WILLI HEINRICH
Das Schwarzwaldhotel

Bevor die Straße die ersten Häuser von Waldmannshausen erreicht, führt ein Weg steil zu einem Waldrand empor. Dort hatte ich schon am Vormittag im Vorbeifahren eine Sitzbank entdeckt. Ich ließ den Wagen unten stehen und kletterte zu ihr hinauf, um Waldmannshausen einmal aus dieser Perspektive zu betrachten. Während das Haupttal beim Gasthof der Bäumlers sehr eng war, verbreiterte es sich an seinem Ende zu einem kleinen Talkessel mit den Häusern und der Kirche. Da die Kirche das letzte Gebäude am ansteigenden Hang war, überragte sie die übrigen Häuser besonders auffällig. Der viereckige, aus Feldsteinen errichtete Turm mit seinem Zwiebeldach und den kleinen Drillingsfenstern wirkte aus dieser Entfernung vor dem Hintergrund der grünen Wiesen und dunklen Tannenwälder gerade wegen seiner einfachen Bauweise eindrucksvoll. Der Gedanke, daß er einmal unterhalb eines zehngeschossigen Appartment-Hotels stehen würde, war mir in diesem Augenblick schon unvorstellbar. Zum erstenmal verstand ich, weshalb es in Waldmannshausen noch so ein paar Leute gab, die mit dem geplanten Bau nicht einverstanden waren. Es würde tatsächlich das ganze Landschaftsbild verunstalten. Genausogut hätte man das Hochhaus der Phönix Rheinrohr in Düsseldorf neben das Rathaus von Augsburg stellen können; sie hätten ebensowenig zusammengepaßt wie das Appartment-Hotel zu der Kirche von Waldmannshausen. Aber für ein zehngeschossiges Hotel gab es keinen besseren Platz als den über der Kirche. Man hätte es weder in dem schmalen Seitental, noch auf einer der anderen Wiesenflächen errichten können. Die waren entweder zu klein, oder das Gelände war einfach ungeeignet. Wer in diesem Talkessel unbedingt ein Appartment-Hotel bauen wollte, der hatte gar keine andere Wahl, als es, unter Einbeziehung der Gemeindewiesen hinter der Kirche, auf das Grundstück des Landwirts August Buchegger zu stellen. Damit würde man sich entweder abfinden oder das ganze Projekt abblasen müssen. Mir fiel ein, daß ich noch nicht einmal wußte, ob Petersen mit der Gemeinde schon einen Vorvertrag abgeschlossen hatte, aber das würde ich morgen vom Bürgermeister erfahren. Vorher hätte es auch wenig Sinn gehabt, Kaka mit dieser Angelegenheit zu behelligen. Ich war nur froh, daß ich ihn heute nachmittag nicht hatte sprechen können.

Im Laufe des Tages waren auch die letzten Wolken vom Himmel verschwunden. Wenn ich Glück hatte, regnete es morgen überhaupt nicht. Ich könnte irgendwo am Waldrand ein erstes Sonnenbad nehmen. Der April gehört zu den Monaten, die ich nicht mag. Er scheint nur da zu sein, um den Frühling zu verzögern. In Waldmannshausen war ohnehin noch nicht viel von ihm zu sehen. Nur die Wiesen wurden schon grün.

Es zog mich noch nicht zu den Bäumlers zurück. Wenn ich erst spät zum Abendessen käme, bliebe mir vielleicht auch Frau Müller erspart. Für drei Unterhaltungen mit ihr an einem Tag fühlte ich mich nicht ausgeglichen genug. Ich fuhr deshalb noch einmal in den Ort. Dort herrschte jetzt mehr Betrieb als tagsüber. Die kleinen Geschäfte unter den Arkaden waren noch geöffnet, ich sah viele Hausfrauen mit Einkaufstaschen. Am Brunnen tummelten sich ein paar Kinder, auch Hunde belebten das Straßenbild. Der Marktplatz war fast völlig unter geparkten Autos verschwunden. Ich mußte den 911 in einer Nebenstraße abstellen und schlenderte dann gemütlich an den alten

Häusern mit ihren schmalen Fenstern und hohen Satteldächern vorbei. Ihre Bauweise war uneinheitlich, neben Fledermausgaupen entdeckte ich auch kleine Dacherker. Einige Häuser hatten Außentreppen. Nur am Marktplatz waren sie in Blockbauweise errichtet worden. Als ich am Gasthof ‚Zur Blume' vorbeikam, verspürte ich plötzlich Appetit auf eine Tasse Kaffee. Petersen würde, falls er hier wohnte, nicht gerade in der Gaststube sitzen. Unter den Arkaden des Erdgeschosses waren Tische und Stühle aufgestellt, aber dort saßen keine Gäste. Es war auch noch viel zu kühl, um schon im Freien zu sitzen. Die Gaststube war gut besucht, vor allem von Männern, die hier nach Feierabend noch ein Glas Bier oder Wein tranken. Am runden Stammtisch wurde Skat gespielt. Anscheinend war auch das Innere des Gasthofs renoviert worden, allerdings auf die gleiche geschmacklose Weise wie das Äußere. Die pseudomoderne Einrichtung paßte überhaupt nicht zu einem ländlichen Gasthof. Trotzdem waren sämtliche Tische besetzt. Ich wollte schon wieder umkehren, als ich von einem Mann angesprochen wurde; es war der Bürgermeister, der diesmal einen anderen Anzug trug. Neben ihm saß ein jüngerer Mann mit Brille, der mich interessiert musterte.

„Ich habe schon von meiner Sekretärin erfahren, daß Sie mich heute nachmittag noch einmal besuchen wollten", sagte der Bürgermeister und gab mir die Hand. Dann machte er mich mit seinem Tischgefährten bekannt: „Das ist Herr Frauenhoffer vom ‚Landboten', aber den werden Sie wohl nicht kennen." Er lachte.

Ich vermutete, daß er den ‚Landboten' meinte. „Eine Zeitung?" fragte ich und gab auch Herrn Frauenhoffer die Hand.

Er nickte. "Nicht ganz so groß wie die ‚Times'."

"Und die erscheint hier in Waldmannshausen?"

"Unter anderem", sagte Herr Frauenhoffer. "Wir haben in Südbaden ein ziemlich großes Verbreitungsgebiet. Herr Zeidler erzählt mir eben, daß Sie wegen eines Grundstücks hier sind."

Daß der Bürgermeister Zeidler hieß, hatte ich bis jetzt nicht gewußt. Mich wunderte, daß er mich in Gegenwart eines Journalisten angesprochen hatte. Heute vormittag hatte er noch so getan, als würde er mich am liebsten unter seinem Schreibtisch verstecken. Er forderte mich auf, bei ihnen Platz zu nehmen, und fragte: "Wohnen Sie nicht im ‚Adler'?"

Von mir hatte er das nicht erfahren. Er schien über alles, was in Waldmannshausen geschah, bemerkenswert gut informiert zu sein. Ich antwortete: "Doch. Ich habe mir eben den Ort ein wenig angesehen und dabei Appetit auf eine Tasse Kaffee bekommen."

"Und wie gefällt Ihnen Waldmannshausen?" fragte Herr Frauenhoffer. Er konnte höchstens fünfundzwanzig sein. Seine neugierige Art, mich anzustarren, mißfiel mir. Ich sagte: "Bis auf die ‚Blume' ganz gut."

"Wieso?" fragte er und blickte sich um. "Ist doch ein ganz gemütliches Lokal!"

Statt ihm zu antworten, fragte ich den Bürgermeister: "Haben Sie dem Wirt die Genehmigung für den Umbau erteilt?"

"Da müssen Sie sich an den zuständigen Bezirksbaumeister auf dem Landratsamt halten", sagte er. "Der Gemeinderat hier war nicht unbedingt dafür."

"Hoffentlich hat Ihre Zeitung darüber berichtet", sagte ich zu Herrn Frauenhoffer.

Der lächelte nur.

Ich bestellte mir eine Tasse Kaffee. Der Bürgermeister sagte: "Wir brauchen in Waldmannshausen mehr Gästezimmer; da muß man eben Konzessionen machen. Weshalb wollten Sie mich noch einmal sprechen?"

Ich blickte Herrn Frauenhoffer an. "Ich weiß nicht, ob das hier der richtige Ort ist."

"Vor Herrn Frauenhoffer habe ich keine Dienstgeheimnisse", sagte der Bürgermeister. "Wenn Sie von sich aus keine Bedenken haben, können Sie mich in seiner Gegenwart alles fragen."

"Nun gut", sagte ich. "Ich war heute nachmittag bei einem Herrn August Buchegger. Er will uns eventuell sein Grundstück hinter der Kirche verkaufen. Welche Aussichten bestehen denn, daß das Hotel überhaupt gebaut werden darf?"

"Welches Hotel?"

"Das Appartment-Hotel."

"Ach das meinen Sie!" sagte der Bürgermeister mit unbewegtem Gesicht. "Sehr gute. Die Pläne liegen schon vor. Woher wußten Sie, daß der Buchegger verkaufen will?"

Ich blickte ihn stumm an.

"Ich verstehe", sagte er. "Betriebsgeheimnis. Mir ist auch egal, woher Sie es wissen. Kann ja sein, daß der Buchegger sich selbst um einen Makler bemüht hat. An Ihrer Stelle würde ich da zugreifen. Das Hotel kommt bestimmt, und diejenigen, die es bauen wollen, werden Ihnen die Buchegger-Wiese mit Handkuß abnehmen."

"Dann könnte er ja direkt an Sie verkaufen?"

"Er ist ein Mann mit Prinzipen", sagte der Bürgermeister. "Vielleicht gefiel ihm Ihre Nasenspitze nicht. Darum habe ich mich als Bürgermeister nicht zu kümmern."

Die Kellnerin brachte mir den Kaffee. Ich sagte: "Herr Buchegger verlangt für den Quadratmeter hundert Mark. Wenn wir so hoch einsteigen, muß gewährleistet sein, daß es für das Hotel keine Hindernisse mehr gibt. Wurden die Pläne vom Regierungspräsidium schon genehmigt?"

"Da müssen Sie Herrn Petersen von der FEPA fragen", sagte der Bürgermeister. "Der ist heute wegen der Baupläne nach Freiburg gefahren. Wenn die Leute bauen wollen, wenden sie sich meistens direkt ans Regierungspräsidium. Das erspart ihnen den Instanzenweg und uns die Verantwortung. Kennen Sie zufällig einen Herrn Wittkau?"

Der Name kam mir bekannt vor. "Wer ist das?"

"Er hat hier einen großen Ferienbungalow", sagte der Bürgermeister. "Im Regierungspräsidium sitzt ein guter Bekannter von ihm. Er ist aus persönlichen Gründen an dem Appartment-Hotel interessiert."

"Der Herr Wittkau?"

"Ja, das ist anzunehmen", sagte der Bürgermeister, und seine Mundwinkel zuckten ein bißchen. Ich wußte jetzt auch, wo ich den Namen schon einmal gehört hatte. "Und das geht hier so einfach über die Bühne?" fragte ich.

Der Bürgermeister hob die Schultern. "Das kommt darauf an, was mit dem Buchegger-Grundstück geschieht. Wenn der neue Besitzer dort kein Appartment-Hotel haben will, wird es wohl auch keines geben. Es sei denn, die Gemeinde macht vorher noch von ihrem Einstiegsrecht Gebrauch."

"Sicher nicht, um die Wiesen als landwirtschaftliche Nutzungsfläche an sich zu bringen?"

"Wohl kaum", sagte der Bürgermeister. "Sehen Sie, der Buchegger will auf alle Fälle verkaufen, weil er das Geld braucht. Eine Mehrheit im Gemeinderat will das Hotel haben. Von seiten des Regierungspräsidiums wird es in diesem Fall kaum Einwände geben. Wo sehen Sie da Ihr Risiko?"

Was er sagte klang logisch. Ich hätte jetzt beruhigt meine Tasse Kaffee austrinken und zu den Bäumlers zurückkehren können, wenn ich von Werner nicht gewußt hätte, daß der Bürgermeister von Waldmannshausen zu jenen gehörte, die gegen das Hotel opponierten. Mir gegenüber schien er es jedoch kaum abwarten zu können, daß Kaka sich das Grundstück des Herrn Buchegger unter den Nagel riß. Etwas stimmte an dieser Geschichte nicht, aber ich hatte noch keine Ahnung, was es sein könnte.

Der Bürgermeister trank sein Bierglas leer und stand auf.

„Ich muß gehen. Wenn Sie noch Fragen haben, können Sie mich jederzeit im Rathaus besuchen. Guten Abend, Frau Jürgens."

„Stimmt!" sagte ich, „Ich habe mich Ihnen noch nicht einmal vorgestellt."

Er lachte. „Ich kenne unsere Kurgäste auch so. Viel Glück!"

Mit gemischten Gefühlen beobachtete ich, wie er zur Theke ging, einige Worte mit dem Wirt wechselte und dann die Gaststube verließ.

Der Wirt, ein großer, glatzköpfiger Mann, war mir sofort unsympathisch; ich hätte mich gar nicht erst an seine geschmacklose Einrichtung zu erinnern brauchen. Herr Frauenhoffer sagte: „Ein guter Mann, unser Bürgermeister."

Ich hatte ihn während meines Gesprächs mit Herrn Zeidler fast völlig vergessen. „Vielleicht zu gut", sagte ich.

Er blickte mich aufmerksam an. „Wie meinen Sie das?"

„Es gibt Bürgermeister, die für gewisse Gemeinden zu schade sind", sagte ich. „Da Sie ihn so gut zu kennen scheinen, müßte

Ihnen eigentlich bekannt sein, daß er kein Anhänger dieses Appartement-Hotels ist."

„Woher wissen Sie das?"

Ich blickte in seine Augen; sie hatten plötzlich einen unangenehmen Ausdruck. „Hat er sich bei der Abstimmung im Gemeinderat nicht gegen das Projekt gewandt?"

„Es war eine geheime Abstimmung."

Ich zuckte mit den Schultern. „Waldmannshausen ist eine kleine Gemeinde. Wohnen Sie hier?"

„Nein. Ich habe nur Verwandte hier, die ich hin und wieder besuche."

„Und heute war so ein Besuchstag?"

Er erwiderte kühl meinen Blick. „Ja."

Ich trank meine Tasse leer. „Als Zeitungsmann müßte das für Sie doch eine Story sein? Oder finden Sie, daß das Hotel sehr gut in diese Landschaft passen wird?"

Bevor er mir antwortete, putzte er mit einem weißen Taschentuch seine Gläser blank und setzte die Brille dann wieder auf. „Ich habe Herrn Zeidler so verstanden, daß Sie für ein Maklerbüro arbeiten?"

„Das ist mir eben auch wieder eingefallen", sagte ich und winkte der Kellnerin. „Ich wohne nicht in Waldmannshausen und habe auch keine Verwandten hier. Es ist mir egal, ob sich ein so großes Hotel in die Landschaft integrieren läßt. Aber als Journalist würde ich das vielleicht anders sehen."

„Ach wissen Sie", sagte er, „es wird heute so viel gebaut und oft am völlig falschen Ort. Wenn wir jedesmal in unserer Zeitung darüber berichten wollten, hätten wir keinen Platz mehr für andere Dinge. Die Einwohner hier sind zum größten Teil für das Hotel, weil sie sich einiges davon versprechen.

Der Gemeinderat hat sich in einer demokratischen Abstimmung dafür entschieden. Ich finde, daß man das auch als Journalist respektieren muß. Ich bin nur etwas verwundert, daß ausgerechnet Sie sich Gedanken darüber machen, ob das Hotel in die Landschaft paßt oder nicht."

Seine Verwunderung war nicht unberechtigt; ich verstand mich selber nicht mehr. Werner mußte mich tatsächlich, ohne daß es mir bisher bewußt geworden war, mit seinem Landschaftsspleen ein wenig angesteckt haben. Ich sagte, während ich meinen Kaffee bezahlte: „Das war nur eine private Entgleisung. Ich habe mal davon gehört, daß es Bezirksstellen für Naturschutz und Landschaftspflege geben soll. Wenn meine Firma das Grundstück von Herrn Buchegger kauft, wird sie an dem Hotel nicht weniger interessiert sein als der Gemeinderat. Gehört Herr Zeidler zu Ihren Verwandten?"

„Noch nicht. Kann ich Sie zu Ihrem Gasthof fahren, oder sind Sie mit dem Wagen hier?"

Ich betrachtete ihn etwas genauer. Er war dunkelhaarig, schmalgesichtig und schmalbrüstig. Vermutlich war er auch ein bißchen von sich eingenommen; mitunter hatte er ein mokantes Lächeln. Unter seinem modisch geschnittenen Jackett trug er einen schwarzen Rollkragenpullover und am Handgelenk einen auffälligen Chronometer.

„Ja, ich bin mit dem Wagen hier", sagte ich. „Trotzdem schönen Dank."

„Vielleicht sehen wir uns noch einmal", sagte er mit einer eigentümlichen Betonung.

OTMAR SCHNURR
Aus den Aufzeichnungen eines Bruddler

Motto: Zit gäht rum, awer ändere dued sich nix, bloß wurd alles liadriger.

Sächzehnder Auguschd

Daß jetz Summerferie sin, dodevu ha i net viel. Wemr Schialer oder Lährer wär, no wär des äbbs onders. Fir uns normal Schderblichi isch de Auguschd ä bsunders schwäri Zit, do falle nämlig Kurgäschd iwer unseri Gegend her, wie d Haischregge iwer Israel hergfalle sin friager. Vun iwerall her komme si. Un worum komme si? Wil mir ä Lufdkurord sin un si sich do d Lunge so richdig vollbumbe kinne mit gsunder Lufd. Bloß unseri Bäum verdraage die Lufd komischerwiis nimmi so rächd. Wenn die Infasion vun de Kurgäschd schdaddfindet, no bisch als Einheimischer im eigene Dorf nur no än Fremder.

Achtzehnder Auguschd

Die Kurgäschd sin so ä Art Besatzungsmacht, sie regiere uf alle Ewene. Gähsch morgens zum Ikaufe, no hörsch in de Läde nur no fremdi Schprooche. Un was mi om meischde ärgert, isch, daß si so vornehm mache, so daß mer glaube kinnt, si wäre äbbs gonz bsunders. Deheim fresse si wahrschinli des ugsunde Zaigs us de Konservedose vum Supermarkt, un bi uns froge si, mit was fir Holz de Schwarzwälder Schpeck graichert sei. Bim Huber-Beck het hit morge eini om Brot rumdoobt un no het si sich no erkundigt, wie hoch de Schnapsgehalt vun de Schwarzwälder Kirschtort sei.

Niinzehnder Auguschd
Bi uns wär alles original un ruschdikal, behaupte die Berufsalemanne in unserm Dorf. Des mit de Originale, des isch so ä Sach. Wenn de gschdorbe bisch, wil din Lewer nimm het welle, un wenn dini Kinder d Suffschulde abzahlt hen, no gähts nimmi long, bis si saage, du seisch ä Original gsi.

Zweiezwonzigschder Auguschd
Hit nommidaag bin i om neie Tennisplatz verbeikomme. No hab i ä Wili zueguckt, wil vier Fraue Tennis gschpielt hen. Alli vieri sin schu Omas, awer si schpiele Tennis in kurze wiße Röckli. Hit sin d Omas halt nimmi alt un abgschafft. Dodefir hen d Omas friager noch Gschiichde verzehle und Epfel scheele kinne. Hit sin d Omas bruun un hen ä lädrigi Hutt vum Solarium. Un si kinne ihri Enkel nimmi uf de Arm nemme, wil si unter ihrem Tennisarm liide.

Dreiezwonzigschder Auguschd
Hit nommidaag bin i om Schwimmbad verbeigfahre. In dere Zit, wo räächdi Lit schaffe miasse, leit des Urlaubsvolk im Schwimmbad rum. Awer do laufe Fraue rum im Bikini, die dääde om beschde verhillt bis zum Hals rumlaufe. Des isch so ä Art Dschät-Sät fir Gwähnligi. Was so en Bikinibendel monchmol hewe mueß, des verlongt schu ditschi Wertarbeit. Sogar gheizt wurd unser Schwimmbad jetzt, daß sich jo niemer äbbs abfriert. Zu minere Zit isch de Bach no durchs Schwimmbad gloffe, do hets Wasser keini finfezwonzig Grad ghet. Awer s het au net noch Chemie gschdunke.

Siwenezwonzigschder Auguschd
Jedes Wocheend isch zur Zit ä Feschd. Feschdli aller Art. Un wenn grad kei Verein feiert, no feiert ä Schdroß. Jeder, wo Geld bruchd, macht ä Feschd. Debii isches uf jedem Feschd s glichlige: Abgschdondes Bier, feddigi Wiirschd, verkohldi Schdeecks, tropfendi Schälrippli, madschigi Pomfritz, bäbbigi Bluna fir d Kinder un vor allem aggressivi Wefze, wo di faschd fresse. De Kinder muesch schdändig de Senf vum Muul abbutze, Wefze muesch doodschlaage, mit Sempf verschmierdi Babbedeggel under de Disch werfe, om Nommidaag schwitzsch in de pralle Sunn un om Obend frierds di. Tobendi Kinder, schimpfendi Miader und bsoffeni Männer. Des isch ä Feschd, do konnsch nix degege saage.

Achdezwonzigschder Auguschd
S het jetz Gott sei Donk nochglosse mit de Kurgäschd. Awer die meischde komme im nägschde Johr wider. Wil, wenn de zehn Mol do warsch, no bekommsch vum Burgermeischder eigehändig än Zinndeller in d Hond druggt. Un des wertvolle Schdick will sich jo niemer durch d Lappe gih losse.

Erschder Sebdember
Geschdern Obend war de letschde vun dene firchterliche Heimatobende. Bi dem Schpektakel wurd de Fremde vor Auge gfihrt, daß unseri Vorfahre nix onders gmacht hen wie donzt, Musik gmacht, Schpeck gveschbert un Schnaps gsoffe. Die Brauchtumsobend, so heißt des offiziell, sin ä schlau kalkulierder Hinderhalt, in den die Fremde glockt wäre. Awer die merke des net, die meine, des sei alles echt.

Zweider Sebdember
Noch ä Mol zruck zum Heimatobend. Unser Volksdonzgrupp het heimatlichi Dänz donzt. Wil bi uns selli alli, wo eigentlich s Volk sin, selwer net donze, gits bi uns die Volksdonzgrupp. Die donzt schdellvertretend. Mer donzt net selwer, mer loßt donze.

Dridder Sebdember
Geschdern war Birgerversommlung. Do hen die gschproche, die bi uns im Dorf d Verontwortung traage. Des verleiht ihne ä gwissi Würde. So traage si halt d Verontwortung un bi offizielle Onläß än schwarzer Onzug.

Finfder Sebdember
Hit isch mir klar wore, daß ich eigentlich froh si konn, daß i kein direkter Nochber hab. Des dääd mer grad no fähle. D Nochber wisse, was de fir ä Zitung abonniert hesch, si gucke, ob de jedi Woch din Audo wäsche duesch, ob de regelmäßig zum Frisör gähsch un wie long om Morge d Bedde im Fenschder laie. Nochber sin des unheimlich Heimelige im Dorf.

Sechsder Sebdember
Jetz hab i ghört, daß de Pfarrer bi uns om Nommidaag d Klingel vum Pfarrhus abschdellt un de Onruefbeontworter iischaltet, daß er in Rueh sin Middagsschlääfli halte konn. Die geischdliche Hirte sin schinbar au nimmi des was si ä Mol ware. Wenn de schdirbsch, no derfs halt net iwer Middag si. Sunsch wursch net versähne.

Sibder Sebdember
Om schiinschde wärs uf de Welt, wenns kei Mensche un kai Kurgäschd gäb. Awer de konnsch dir jo d Welt net russueche.

PHILIPP BRUCKER

Protest

Schön het'r g'redt.
Vun dr Heimet,
wo mr erhalte miän,
vun dr Wälder,
wo sufer sin sotte,
vun dr Däler,
wo mr keini Strooße bruche
us Asphalt un Betong.

Schön het'r g'redt,
un alli hänn klatscht
un mit dr Köpf gwackelt
un hänn d'Heimet gsehn,
so ganz ohni Dreck un Gstank.

Schön het'r g'redt.
Wissi Wölkli sin gschwumme,
un dr blau Himmel het glacht,
Vögili hänn tiriliärt
wo-n-r so schön g'redt het,
dr Präsident.

Kämpfe miän'r,
het'r gsait,
ringe-n-un stritte,
daß nimmi 's Blech un dr Chrom

selli Heimet verhunze,
in dere wo mr drheim sin.

Schön het'r g'redt,
un alli hänn klatscht
un briält
un hänn d'Heimet gsehn,
still un im Glanz.

Drno hänn sich alli in d'Autöli ghuckt,
hänn Gas gänn
un sin heimzue gschnauzt ...

PHILIPP BRUCKER

Manöver

Sellem Igel
het am Morge keinr B'richt gänn,
wo-n'r mit Stachle gspickt
uf d'Bundesstross 311 vorgruckt isch.

D'iiskalt Kett
vum erste Panzer
het-ne bluedig in dr Asphalt drillt.

Am Owe,
wo "Blau" g'wunne ghet het,
het bim Rapport
keinr ebbis vum Igel gsait.

JÜRGEN LODEMANN
Schwarzwaldnotizen

Noch heute ist eine Reise in und durch den Schwarzwald getrieben von der alten ersten Sehnsucht nach Wald und Wiese, ist sie nach wie vor, mehr oder weniger uneingestanden, eine Reise in das eigene deutsche Gemüt.

Aber diese Reisen in unserer verworrenen „Reinheit" bereiten im Zeitalter des Massentourismus mehr und mehr Enttäuschungen, nicht nur im Volksgedränge am Mummel- oder Titisee. In eben dem Maß, in dem aus dem alten Mischwald - den die neuen Naturweisen, die Ökologen, als den natürlichsten preisen -, in dem aus ihm eine Nadelholzplantage wurde, verarmte das Urige, verschwand das Verworrene. Wer den von Norden nach Süden einhundertachtzig Kilometer langen Wald mal selbst durchwandert hat, zu Fuß von Pforzheim bis Basel, der weiß, wovon er redet: Auf dem berühmten „Westweg" des Schwarzwaldvereins hat er, mindestens im nördlichen Teil, von Pforzheim übers Murgtal bis zum Kinzigtal, überwiegend die zum En-gros-Geschäft ausgedehnte Verkaufstüchtigkeit des Holländer-Michel vor Augen. Man nennt diese Gleichförmigkeit der gleich hohen, gleich schlanken Stämme mit Recht die Holzfabrik.

Auch jene Träume vom großen breiten Schwarzwaldhaus, wie sie uns die romantischen und die romantisierenden Geschichten vorgeträumt haben, werden bei solchen Erkundungen nicht selten enttäuscht. Der Nachkriegstourismus, die nachgebaute Idylle im Stil der Nierentischzeit verschonte kaum einen Ort mit solcher „rustikalen" Naturwut, die eben das, was sie zu bewahren vorgibt, zerstört. Kaum ein ländlicher Gasthof,

der nicht mit sicherem Spürsinn jene einmalige Atmosphäre zu imitieren weiß.

Freilich, es gibt da die Gegenbeispiele - genannt seien hier außer den Bannwäldern, stellvertretend jene Täler, die sich von Hornisgrinde und Kniebis, also von den mehr als tausend Meter hohen Gipfellagen des Nordschwarzwalds weit über die Vorbergzone bis in die Rheinebene ziehen, die ihren Dorfschönheiten möglichst keine neuen Attraktionen aufputzten, sondern die alten erneuerten in selbstbewußter Prachtentfaltung. Sasbach, Obersasbach, aber auch Ettenheim, Gengenbach, Oberkirch, Kappelrodeck, Waldulm sind Namen für viele andere, das Acher-, das Renchtal ebenso - nicht im „silva nigra", im „dunklen Gebürg" war zuerst Leben, sondern in dieser simplizianischen Landschaft der Ortenau. Das ist ein Füllhorn der Fruchtbarkeit, wo Weinbau, Mais, Obst - das Obst oft wie in Stockwerken mehrfach übereinander - üppig gedeihen auf einem Eiszeitrelikt, auf dem, was aus vegetationslosem Periglazial in Staubstürmen als Löß herbeigeweht wurde und nun hier, in den geschützten Lagen der Vorberge, für ein eigenes Idyll sorgt. Freilich, der typische Schwarzwald ist dies nicht, sondern nur seine milde, „von der Sonne verwöhnte" Variante.

Hier gibt es auch, an den Hängen zwischen Bühl und Offenburg, Flur- und Ortsnamen, in denen die Silben „brecht" oder „precht" auftauchen, möglichst in Verbindung mit „wald". Aus eben diesem Winkel östlich Acherns kommen die Vorfahren Brechts. Seine Großmutter (gestorben 1919) war die „unwürdige Greisin" in seiner gleichnamigen Kalendergeschichte. Noch in ihren letzten Lebensjahren unternahm sie Ausflüge in die nahe Großstadt „K." (Karlsruhe); erst als sie Witwe geworden war, im hohen Alter, entdeckte sie das Kino, den Kintopp, das Leben, das bis dahin nur Arbeit in den Weingärten gewesen war. - Der Vater Brechts wanderte aus, nach Augsburg, war Papierfabrikant - eine späte Mitgift jener Verwertungen und Geschäfte, die schon der Tannenhandel des Holländer-Michel angezettelt hatte. Vom Holzgeschäft über die weitere Zelluloseverwertung bis zu den Träumen und Vorschlägen des Sohnes auf Papier ist es in diesem Fall nur der Schritt von einer Generation zur nächsten gewesen. Nicht umsonst beruft sich Brecht ausdrücklich und mehrfach auf seine Herkunft aus den Wäldern:

„Ich, Berthold Brecht, bin aus den schwarzen Wäldern.
Meine Mutter trug mich in die Städte hinein
Als ich in ihrem Leibe lag. Und die Kälte der Wälder
Wird in mir bis zu meinem Absterben sein."

MARK TWAIN
Bummel durch Europa
Der Schwarzwald

Von Baden-Baden aus machten wir den üblichen Ausflug in den Schwarzwald. Meistens waren wir zu Fuß unterwegs. Man kann weder diesen prächtigen Wald beschreiben noch die Empfindung, die er in einem weckt. Ein Merkmal derselben jedoch ist tiefe Zufriedenheit; ein anderes Merkmal ist unbekümmerte jungenhafte Freude, und ein drittes und sehr auffälliges ist das Gefühl, von der gewöhnlichen Welt weit entfernt, von ihr und ihrem Treiben vollkommen frei zu sein.

Die Wälder erstrecken sich ununterbrochen über ein riesiges Gebiet. Und überall stehen Tannen, so dicht, still und duftend. Die Baumstämme sind glatt und von geradem Wuchs, und vielerorts ist der Boden über Meilen hinweg unter einer dichten weichen Schicht kräftig grünen Mooses verborgen, ohne daß seine Fläche von einer verwesenden oder bizarren Stelle durchbrochen wird und ohne daß ein heruntergefallenes Blatt oder Ästchen seine makellose Ordnung beeinträchtigen. Wie in einem Dom durchdringt dichtes Halbdunkel die von Säulen begrenzten Gänge; so leuchten vereinzelte, hier auf einen Baumstamm und dort auf einen Ast treffende Sonnenflecken hell auf, und wenn sie auf das Moos scheinen, so meint man, daß sie nahezu brennen. Die seltsamste und zugleich bezauberndste Wirkung aber wird durch das aufgelöste Licht der weit am Horizont stehenden Nachmittagssonne hervorgerufen. Dann kann kein einziger Strahl durchdringen, doch das aufgelöste Licht nimmt die Farbe des Mooses und des Blattwerks an und erfüllt den Ort mit einem schwachen grünlichen Dunst, dem schauspielhaften Feuer der Feenwelt. Durch dieses überirdische Glühen verstärkt sich der Anflug von Geheimnis und Übernatürlichem, der dem Wald eigen ist.

Wir fanden die Bauernhäuser und Dörfer des Schwarzwaldes genauso vor, wie sie Erzählungen über den Schwarzwald beschreiben. Das erste typische Beispiel, auf das wir trafen, war das Anwesen eines reichen Bauern, eines Mitglieds des Gemeinde- oder Kreisrats. Der Mann stellte eine wichtige Persönlichkeit in der Gegend vor, und das traf selbstverständlich auch auf seine Frau zu. Seine Tochter war ‚die' Partie ringsum, und ich könnte mir denken, daß sie schon als eine der Heldinnen von Auerbachs Romanen in die Unsterblichkeit eingeht - was wir noch sehen werden. Denn wenn er sie hineinnimmt, werde ich sie an ihrer Schwarzwaldtracht, ihrer sonnenverbrannten Haut, ihrer drallen Figur, ihren dicken Händen, dem stumpfen Gesichtsausdruck, dem sanften Wesen, den riesigen Füßen, dem unbedeckten Kopf und ihren den Rücken herabhängenden, hanffarbenen Zöpfen erkennen.

Das Haus war so groß, daß ein Hotel hineingepaßt hätte. Es war hundert Fuß lang und fünfzig breit, zehn Fuß hoch vom Boden zur Traufe; doch von dort bis zum First des gewaltigen Daches waren es vierzig oder gar mehr Fuß. Das Dach bestand aus uraltem schlammfarbenen, einem Fuß dicken Stroh und war, einige wenige Stellen ausgenommen, von einem üppigen, wuchernden Pflanzenwuchs, vor allem von Moos, überzogen. Stellen ohne Moos fanden sich da, wo man das Dach ausgebessert, wo man große Bündel leuchtend gelben Strohs eingesetzt hatte. Die Ränder der Traufe waren wie schützende, ausgebreitete Flügel weit heruntergezogen. An der der Straße zugewandten Giebelseite verlief in ungefähr zehn Fuß Höhe eine schmale, unter das Dach zurückgezogene Veranda mit hölzernem Geländer; einige kleine Fenster mit winzigen Glasscheiben gingen auf diese Veranda hinaus. Darüber waren zwei oder drei weitere kleine Fenster, eines gerade unter der äußersten Spitze des Giebels. Vor der Haustür lag ein riesiger Misthaufen. Im Seitenteil des Hauses stand die Tür eines Raumes im zweiten Stock offen, und darin zeigte sich das hochgestreckte Hinterteil einer Kuh. War das wohl die gute Stube? Die ganze vordere Hälfte des Hauses schien bis ans Dach von den Leuten, den Kühen und Hühnern bewohnt zu sein, der ganze hintere Teil war den Zugtieren und dem Heu vorbehalten. Doch das Auffälligste waren die rings um das Haus aufgerichteten Misthaufen.

Der Mist wurde uns im Schwarzwald ein allzu vertrautes Bild. Wir machten es uns unwillkürlich zur Gewohnheit, die gesellschaftliche Stellung eines Mannes nach diesem äußerlichen und so beredsamen Bild zu beurteilen. Manchmal sagten wir: „Hier wohnt ein armer Teufel, das ist ganz klar." Wann immer wir einen ansehnlichen Haufen sahen: „Hier lebt ein Bankier." Stießen wir auf einen Landsitz, den Haufen von alpenhaftem Ausmaß umgaben, waren wir davon überzeugt, daß dort ohne jeden Zweifel ein Herzog residieren würde. Die Bedeutung dieses Merkmals ist in den Schwarzwalderzählungen nicht ausreichend gewürdigt worden. Mist ist augenscheinlich der wahre Schatz des Schwarzwälders, sein Geldstück, Kleinod, Stolz, sein Rembrandt, kostbares Geschirr, Kleinkram, Liebstes, sein Anspruch auf öffentliches Ansehen, Neid, Verehrung und seine erste Sorge, wenn er daran geht, sein Vermächtnis zu bestimmen. Der echte Roman aus dem Schwarzwald sollte, falls er je geschrieben wird, in groben Zügen so aussehen.

Skizzenhafter Entwurf des Schwarzwaldromans:
Reicher alter Bauer namens Huss. Hat großen Reichtum an Mist geerbt und diesen durch Fleiß vermehrt. Er ist im Baedecker mit zwei Sternen versehen.* Der Schwarzwaldkünstler malt den Misthaufen - sein Meisterstück. Der König kommt, den Reichtum zu besichtigen. Gretchen Huss, Tochter und Erbin. Paul Hoch, junger Nachbar, wirbt um Gretchens Hand; das gibt er jedenfalls vor, in Wirklichkeit ist er hinter dem Mist her. Hoch besitzt selbst eine ganze Anzahl Wagenladungen der Schwarzwaldwährung und ist somit eine gute Partie; aber er hat einen verderbten Charakter, ist gefühllos, wogegen Gretchen ganz Gefühl und Poesie ist. Hans Schmidt, junger Nachbar, ganz Gefühl, ganz Poesie, liebt Gretchen, Gretchen liebt ihn. Doch Hans hat keinen Mist. Alter Huss verbietet ihm das Haus. Hansens Herz bricht, er geht in den Wald, um zu sterben, weit weg von der grausamen Welt - denn, wie er verbittert meint: „Was gilt der Mensch ohne Mist?"
(Sechs Monate später)
Paul Hoch kommt zum alten Huss und sagt: „Endlich bin ich so reich, wie ihr es verlangt habt. Kommt und seht den Haufen." Alter Huss nimmt den Haufen in Augenschein und spricht: „Das genügt. Nimm sie und werde glücklich." - Er meint Gretchen.
(Zwei Wochen später)
Hochzeitsgesellschaft in Hussens Wohnstube versammelt. Hoch

* Wenn Baedeckers Reiseführer etwas erwähnen und mit zwei Sternen versehen (**), bedeutet das vorzugsweise beachtenswert.

ist ruhig und zufrieden. Gretchen weint ob ihres harten Schicksals. Da kommt Hussens erster Buchhalter herein. Huss zu ihm grimmig: „Ich habe dir drei Wochen Zeit gegeben, um herauszufinden, warum deine Bücher nicht in Ordnung sind, und um zu beweisen, daß du nicht gegen deine Pflicht gesäumt hast. Die Frist ist um. Zeig mir, wo mein verschwundenes Eigentum geblieben ist, oder ich werde dich als Dieb ins Gefängnis werfen lassen." Buchhalter: „Ich habe euer Eigentum gefunden." „Wo?" Buchhalter (bestimmt, tragisch): „Im Haufen des Bräutigams. Seht den Dieb vor Erschrecken zittern!" (Großes Aufsehen) Paul Hoch: „Ich bin verloren!" Ihm schwinden die Sinne, er stürzt über die Kuh, wird gebunden. Gretchen: „Gerettet!" Ihr schwinden vor Freude die Sinne, sie fällt über das Kalb, wird jedoch von Hans Schmidt aufgefangen, der in diesem Augenblick hereinspringt. Alter Huss: „Was, du Schurke hier! Laß die Maid los und verschwinde." Hans, der noch immer das bewußtlose Mädchen hält: „Niemals, grausamer alter Mann! Wißt, daß ich mit Ansprüchen hierher gekommen bin, die nicht einmal ihr abweisen könnt." Huss: „Was, du? Nenn sie mir." Hans: „Dann gebt acht! Die Welt hatte mich aufgegeben, ich hatte die Welt aufgegeben, ich ging dahin in der Einsamkeit des Waldes, sehnte den Tod herbei und fand ihn nicht. Ich ernährte mich von Wurzeln und grub in meiner Verbitterung nach den bittersten, verabscheute die süßen. Und als ich so vor drei Tagen grub, stieß ich auf eine Mistader, eine Goldgrube, eine unbegrenzte Bonanza an barem Mist. Ich kann euch alle aufkaufen und werde noch Berge von Mist übrighaben. Hah, wie seltsam ihr lächelt!" (Enormes Aufsehen) Proben aus der Mine werden herumgezeigt. Huss (überschwenglich): „Rüttelt sie, schüttelt sie, edler junger Mann.

Sie ist die eure." Die Hochzeit findet an Ort und Stelle statt, der Buchhalter bekommt Amt und Würden zurück. Paul Hoch wird ins Gefängnis abgeführt. Der Schwarzwälder König der Mist-Bonanza erreicht, beglückt von der Liebe seines Weibes und seiner 27 Kinder und dem noch viel süßeren Neid der ganzen Nachbarschaft, ein gesegnetes Alter.

Eines Tages aßen wir in einem sehr hübschen Dorf (Ottenhöfen) im Gasthaus „Zum Pflug" gebackene Forelle zu Mittag und gingen nachher in die Schankstube, um uns auszuruhen und zu rauchen. Dort trafen wir neun oder zehn Schwarzwaldhonoratioren an einem Tisch versammelt. Sie waren der Gemeinderat und hatten sich dort um acht Uhr in der Frühe eingefunden, um ein neues Mitglied zu wählen. Jetzt hatten sie vier Stunden lang auf Kosten des neuen Mitglieds Bier getrunken. Sie waren Männer von fünfzig oder sechzig Jahren mit ernsten gutmütigen Gesichtern und trugen alle die Tracht, die uns aus den Schwarzwalderzählungen bekannt ist; breite runde schwarze Filzhüte mit umgekrempelten Rändern, lange rote Westen mit großen metallenen Knöpfen, schwarze Wollmäntel mit sehr hoch angesetzten Taillen. Niemand hielt eine Rede, es wurde nur wenig gesprochen und es gab kein leichtfertiges Geschwätz. Die Mitglieder des Rates ließen sich langsam aber sicher mit Bier vollaufen und benahmen sich mit gesetztem Anstand, wie es Männern ihrer Stellung, einflußreichen Männern, Männern, die Mist besaßen, zukam.

An einem heißen Nachmittag machten wir eine Wanderung das Tal hinauf, entlang dem mit Gras bewachsenen Ufer eines klaren, dahineilenden Baches, an Bauernhäusern, Mühlen und einer endlosen Reihe von am Wegrand stehenden Kreuzen,

Heiligen- und Marienstatuen vorbei. Diese Kreuze usw. werden in Erinnerung an verstorbene Freunde von Überlebenden aufgestellt und sind beinahe so häufig wie Telegraphenmasten in anderen Ländern.

Wir folgten der Landstraße und hatten unser übliches Pech, zogen unter einer herabsengenden Sonne dahin und sahen den Schatten auf unserem Weg vor uns davoneilen. Auf allen unseren Wanderungen gelang es uns selten, auf eine Stelle zu treffen, die gerade im Schatten lag. An jenem Nachmittag war es damit besonders schlimm. Unser einziger Trost bestand darin, daß es den Bauern, die über uns an den steilen Hängen arbeiteten, noch schlechter erging. Schließlich konnten wir das unerträgliche, grelle Sonnenlicht und die Hitze nicht mehr aushalten. Deshalb durchquerten wir die Schlucht und liefen in das kühle Halbdunkel des Waldes, auf der Suche nach dem, was der Führer als „alte Straße" bezeichnete. Wir fanden eine alte Straße, und am Ende stellte sich heraus, daß sie die richtige war, obwohl wir ihr damals in der Überzeugung folgten, es sei die falsche. Falls es die falsche gewesen wäre, so hätte es keinen Zweck gehabt, sich zu beeilen. Darum ließen wir uns Zeit, setzten uns häufig in das weiche Moos und genossen die erholsame Stille und den Schatten des einsamen Waldes. Zuvor auf der Landstraße hatte es viel Abwechslung gegeben, Schulkinder, Bauern, Wagen, Gruppen von wandernden Studenten aus ganz Deutschland, doch die alte Straße hatten wir ganz für uns allein.

Während wir uns ausruhten, schauten wir gelegentlich der fleißigen Ameise bei ihrem Treiben zu. Ich habe nichts Neues über sie herausgefunden - sicherlich nichts, was meine Meinung über sie geändert hätte. Was ihren Verstand angeht, so scheint mir, daß die Ameise grob überschätzt wird. Ich habe sie jetzt viele Sommer lang beobachtet, wenn ich eigentlich Besseres zu tun gehabt hätte, und bis jetzt ist mir noch keine lebendige Ameise untergekommen, die mehr Verstand gehabt hätte als eine tote. Ich meine jetzt natürlich die gewöhnliche Ameise. Ich habe keine Erfahrung mit den phantastischen afrikanischen und schweizerischen Arten, die Wahlen abhalten, ausgebildete Heere sowie Sklaven besitzen und über religiöse Dinge disputieren. Diese besonderen Ameisen mögen genauso sein, wie sie der Naturforscher beschreibt, doch was die gewöhnliche Ameise betrifft, bin ich überzeugt, daß sie ein Schwindler ist. Ich spreche ihr ja nicht ihren Fleiß ab, sie ist das am härtesten arbeitende Geschöpf der Welt - wenn ihr jemand zuschaut -, aber ich werfe ihr ihre Dummheit vor. Sie sucht sich Futter, fängt etwas, und was macht sie dann? Geht sie heim? Aber nein, sie geht so ziemlich überall hin, nur nicht nach Hause. Sie weiß nicht, wo das ist, zu Hause. Ihr Zuhause kann nur drei Fuß weit weg sein, trotzdem findet sie es nicht. Die Ameise fängt etwas, so wie ich es gesagt habe. Gewöhnlich ist es etwas, das weder ihr noch sonst jemandem von Nutzen sein kann. In der Regel siebenmal größer als es sein sollte. Die Ameise begibt sich an die unmöglichsten Stellen, um Beute zu machen, hebt die Beute mit voller Kraft hoch und macht sich auf den Weg, nicht etwa nach Hause, sondern in die entgegengesetzte Richtung. Sie zieht nicht ruhig und überlegt los, vielmehr mit einer überstürzten Eile, die ihre Kraft vergeudet; sie kommt an einen Stein, und anstatt ihn zu umgehen, klettert sie rückwärts darüber und schleppt dabei ihre Beute hinter sich her, purzelt auf der anderen Seite des Steins herunter, springt erbost in die

Luft, klopft sich den Staub aus den Kleidern, spuckt sich in die Hände, greift ergrimmt ihre Beute, schleift sie einmal hierhin, einmal dahin, schiebt sie einen Augenblick vor sich her, dreht sich um und zerrt die Beute im nächsten Moment wieder hinter sich her; sie wird immer ärgerlicher, hebt ihren Fang dann augenblicklich hoch und zieht in eine vollkommen andere Richtung davon. Die Ameise trifft auf ein Unkraut - natürlich fällt es ihr nicht ein, es zu umgehen, nein, hinaufklettern muß sie, und das tut sie dann auch, wobei sie ihr wertloses Eigentum hinter sich herzieht, was ungefähr so schlau ist, wie wenn ich einen Sack Mehl von Heidelberg nach Paris tragen und dabei einen Umweg über den Turm des Straßburger Münsters machen würde. Wenn die Ameise oben auf dem Unkraut angelangt ist, stellt sie fest, daß sie sich verlaufen hat, wirft einen flüchtigen Blick auf die umliegende Gegend, klettert oder purzelt wieder herunter und schlägt, wie gewöhnlich, eine ganz neue Richtung ein. Nachdem eine halbe Stunde vergangen ist, kommt sie auf sechs Inch an die Stelle heran, von der sie losgezogen ist, und legt ihre Last nieder. Mittlerweile ist sie an jedem Ort im Umkreis von zwei Yards gewesen, ist über alle Steine und Kräuter geklettert, die ihr untergekommen sind. Jetzt wischt sie sich den Schweiß von der Stirn, streicht sich ihre Glieder und marschiert ziellos von dannen - wie immer in hektischer Eile. Sie läuft ein gutes Stück kreuz und quer und stolpert schließlich über dieselbe Beute. Sie erinnert sich nicht, diese jemals zuvor gesehen zu haben, schaut sich um, um herauszufinden, wo es nicht nach Hause geht, ergreift ihr Bündel und zieht los. Sie erlebt die gleichen Abenteuer wie zuvor, hält endlich an, um zu verschnaufen, und da kommt eine Freundin vorbei. Offensichtlich meint die Freundin, daß ein Grashüpferbein vom letzten Jahr ein toller Fang sei und fragt die erste Ameise, wo sie denn dieses her hätte. Offensichtlich erinnert sich die erste Ameise nicht genau daran, wo sie es her hat, doch glaubt sie, es von „irgendwo ganz in der Nähe" zu haben. Offensichtlich verpflichtet sich die Freundin, die Beute mit heimzuschleppen. Dann ergreifen die zwei mit typisch ameisenhaftem Scharfsinn das Grashüpferbein an seinen beiden Enden und beginnen, mit aller Kraft in entgegengesetzte Richtungen zu ziehen. Sofort legen sie eine Rast ein und beratschlagen sich. Sie kommen zu dem Schluß, daß etwas nicht in Ordnung ist, doch können sie nicht herausfinden was. Dann machen sie sich erneut an die Arbeit, genauso wie zuvor. Mit dem gleichen Ergebnis. Gegenseitige Beschuldigungen folgen. Offensichtlich beschuldigt die eine die andere, das Unternehmen absichtlich zu behindern. Die Gemüter der Ameisen erhitzen sich, und der Streit endet in einer handgreiflichen Auseinandersetzung. Sie umklammern sich und nehmen einander eine Weile in den Clinch, dann rollen und stolpern sie eine Weile auf der Erde hin und her, bis eine einen Fühler oder ein Bein verloren hat und sich davonschleppen muß, um sich um ihren lädierten Körper zu kümmern. Die Ameisen versöhnen sich und gehen erneut an ihr Unterfangen, auf die gleiche unsinnige Weise, doch die verkrüppelte Ameise ist im Nachteil. So sehr sie auch zerren mag, die andere Ameise schleppt die Beute und sie an deren Ende davon. Anstatt aufzugeben, hält sie sich fest und schlägt sich die Schienbeine grün und blau an jedem Hindernis auf dem Weg. Allmählich, nachdem das Grashüpferbein nach und nach über dieselben alten Stellen geschleift worden ist, wird es ungefähr da, wo es ursprünglich lag, fallengelassen, die zwei schwitzenden Ameisen untersuchen es nachdenklich, beschließen, daß vertrocknete Grashüpferbeine letzten Endes ein kläglicher Besitz seien, und dann rennt jede in eine andere Richtung davon, um zu sehen, ob sie nicht einen alten Nagel oder sonst irgendetwas findet, das genug wiegt, um Kurzweil zu bieten und gleichzeitig wertlos genug ist, daß es eine Ameise besitzen möchte.

Dort im Schwarzwald, am Bergabhang, habe ich gesehen, wie eine Ameise das folgende Schauspiel mit einer toten Spinne, die zehnmal so schwer wie sie selbst war, aufführte. Die Spinne war mehr tot als lebendig; so konnte sie sich kaum noch wehren. Sie besaß einen runden erbsengroßen Leib. Die kleine Ameise, die bemerkte, daß ich sie beobachtete, drehte die Spinne auf den Rücken, bohrte ihr die Zangen in die Kehle, hob sie hoch und machte sich energisch mit ihr auf den Weg, stolperte über Kieselsteinchen, trat auf die Spinnenbeine, verhedderte sich, schleifte die Spinne hinter sich her, schob sie vorwärts, zog sie über sechs Inch hohe Steine anstatt diese zu umgehen, kletterte über Kräuter, die zwanzigmal so groß waren wie sie selbst, sprang von ihnen herunter und ließ die Spinne endlich mitten auf der Straße liegen, wo sie von jeder anderen närrischen Ameise in Beschlag genommen werden konnte. Ich habe die Fläche, die dieses dumme Vieh durchzogen hat, nachgemessen und bin zu dem Schluß gekommen, daß das, was es innerhalb von zwanzig Minuten bewerkstelligt hat, im Vergleich mit einem Menschen ungefähr Folgendem entspräche: zwei achthundert Pfund schwere Pferde zusammenzubinden, sie achtzehnhundert Fuß weit zu tragen, vor allem über Felsbrocken (nicht um sie herum), die im Durchschnitt sechs Fuß hoch sind, und im Verlauf der Reise einen steilen

Abhang wie den der Niagarafälle und drei Kirchtürme von 120 Fuß Höhe hinaufzuklettern und von dort hinabzuspringen; und dann die Pferde an einem jedermann zugänglichen Ort abzusetzen, ohne daß sie jemand bewacht, und sich davonzumachen, um irgendeinem anderen idiotischen Kunststückchen aus purer Eitelkeit nachzugehen.

Die Wissenschaft hat kürzlich festgestellt, daß die Ameise keinen Wintervorrat anlegt. Das wird sie aus der Literatur verdrängen - jedenfalls teilweise. Die Ameise arbeitet nicht, außer es schauen ihr Leute zu, und das auch nur, wenn der Betrachter unerfahren und wie ein Naturfreund aussieht und sich anscheinend Notizen macht. Das läuft auf Betrug hinaus und wird die Ameise für die Sonntagsschulen untauglich machen. Sie hat nicht genug Hirn, um zu wissen, was sie essen soll und was nicht. Das ist Unwissenheit und wird den Respekt, den ihr jedermann zollt, beeinträchtigen. Sie kann nicht um einen Baumstumpf herumschlendern und ihren Weg zurückfinden. Das ist mit Idiotie gleichzusetzen, und nachdem diese nachteiligen Dinge einmal bekannt geworden sind, werden vernünftige Leute nicht mehr zu ihr aufblicken, und die sentimentalen werden aufhören, sie zu verhätscheln. Der vielgepriesene Fleiß der Ameise ist bloße Eitelkeit und gänzlich wirkungslos, da die Ameise nie mit dem heimkommt, womit sie loszieht. Das beraubt die Ameise ihres letzten bißchen Ansehens und untergräbt völlig ihren besonderen Nutzen als moralisches Beispiel, da der Faulenzer folglich zögern wird, sie weiterhin als Vorbild zu betrachten. Es ist seltsam und unverständlich, daß es einer so offensichtlichen Schwindlerin wie der Ameise möglich war, so viele Nationen so lange Zeit unbemerkt zu täuschen.

Die Ameise ist stark, aber wir haben noch etwas anderes

Starkes gesehen, wo wir zuvor so große Muskelkraft nicht erwartet hätten. Ein Giftpilz, jenes Gewächs, das in einer einzigen Nacht seine volle Größe erreicht, war aufgeschossen und hatte eine Masse von Tannennadeln und Erde, die zweimal so groß war wie er selbst, emporgehoben und stützte sie ab wie eine Säule, die einen Schuppen trägt. Ich glaube, daß zehntausend Giftpilze, vorausgesetzt man plaziert sie richtig, einen Menschen hochheben könnten. Aber wem würde das etwas nützen?

Den ganzen Nachmittag waren wir bergauf gegangen. Um ungefähr halb sechs erreichten wir den Gipfel. Plötzlich teilte sich der dichte Vorhang des Waldes, und wir sahen auf eine tiefe und wundervolle Schlucht hinab, hatten ringsum einen weiten Blick über bewaldete Berge, deren Kuppen in der Sonne schimmerten und deren von Lichtungen durchzogene Abhänge von violetten Schatten verdunkelt wurden. Die Schlucht zu unseren Füßen - sie wurde Allerheiligen genannt - bot auf einer ebenen, mit Gras bewachsenen Fläche in ihrem hoch gelegenen Teil Raum für ein behagliches und beschauliches Menschennest, das - da es von der Welt und ihren Kümmernissen abgeschlossen war - zwangsläufig von den Mönchen früherer Zeiten ausgekundschaftet werden mußte. Und hier standen die braunen anmutigen Ruinen ihrer Kirche und ihres Konvents als Zeugen dafür, daß die Priester vor siebenhundert Jahren ein genauso feines Gespür wie unsere Priester heutzutage dabei bewiesen, die vorzüglichsten Winkel und Ecken eines Landes aufzuspüren.

Jetzt drängt ein großes Hotel, in dem ein lebhaftes Geschäft mit Sommergästen gemacht wird, die Ruinen ein wenig in den Hintergrund. Wir stiegen die Schlucht hinunter und aßen zu Abend, was sehr befriedigend gewesen wäre, wenn man die Forelle nicht gekocht hätte. Man kann davon ausgehen, daß die Deutschen eine Forelle oder so ziemlich alles kochen, wenn man sie sich selbst überläßt. Dieser Sachverhalt spricht für die Theorie, daß sie die ersten Siedler auf den rauhen Inseln vor der Küste Schottlands gewesen sind. Vor einigen Jahren erlitt ein mit Orangen beladener Schoner vor einer dieser Inseln Schiffbruch, und die sanftmütigen Wilden halfen dem Kapitän so bereitwillig, daß er ihnen so viele Orangen gab, wie sie wollten. Am nächsten Tag fragte er sie, wie sie ihnen geschmeckt hätten. Die Wilden schüttelten den Kopf und sagten: "Gebacken waren sie zäh; und sogar gekocht sind sie nicht wirklich das, wonach sich ein hungriger Mann sehnt."

Nach dem Abendessen gingen wir in die Schlucht hinab. Sie ist wunderschön - eine Mischung aus lieblichem Wald und bizarrer Wildnis. Ein klarer Bach stürzt sich pfeifend durch die Schlucht, windet sich an ihrem Fuß durch eine schmale Spalte zwischen hohen Felswänden und ergießt sich in einer Folge von Wasserfällen. Am letzten von diesen vorbei, hat man einen schönen Blick auf die zurückliegenden Fälle - sie erheben sich in einer siebenstufigen Treppe aus schäumenden und glitzernden Kaskaden und bieten einen ebenso reizvollen wie ungewöhnlichen Anblick.

MARTA WALTER
Daheim im Renchtal

Im wunderschönen Tal der Rench, in einem kleinen Dörfchen zwischen fruchtbaren Feldern und vielen Obstbäumen kam ich 1910 zur Welt. Ich kann mir nicht vorstellen, daß sich meine Eltern sehr gefreut haben über meine Ankunft, denn ich war das achte Kind, und sie waren nicht mehr die jüngsten. Mein Vater, Tagelöhner in einer Bürstenfabrik, verdiente knapp 10 Mark in einer Woche. Von meinen Geschwistern waren drei schon aus der Schule, als ich geboren wurde. Der älteste Bruder ging sogar schon zwei Jahre in die Mechanikerlehre. Man hat mir später erzählt, daß er mich zunächst gar nicht sehen wollte; vermutlich nahm er meinen Eltern den Nachzügler übel. Erst allmählich muß er seine Meinung geändert haben, denn nach 14 Tagen trug er mich voll Stolz auf der Straße spazieren. Die jüngeren Geschwister waren alle schon als „Kindsmagd" tätig, mein Bruder Heinrich mit seinen zehn Jahren aber als „Knechtle" bei einem Bauern.

Meine Eltern mußten froh sein über jedes Kind, das außer Haus war, denn unser kleines Häuschen hatte nur zwei Schlafkammern. Obwohl Vaters Lohn mehr als kärglich war, fühlten wir uns nicht als arme Leute. Wir hatten immer etwa vier bis fünf Ziegen, zwei Schweine, fünfzehn Hühner und einige Hasen. Mutter verdiente nebenbei noch ein paar Pfennige als Büglerin. Samstags durften die Kinder die gestärkten Hemden, die Hemdbrüste und die „Stulpen", die dazumal Mode waren, austragen.

Unser Häuschen duckte sich klein und bescheiden zwischen die etwas behäbigeren Nachbarn. Die Küche war mit roten

Sandsteinplatten ausgelegt. Der Kamin war offen, man konnte von unten den Himmel sehen. Im Rauch hingen die Speckseiten. Es war in der Küche immer recht kalt, auch wenn der Herd geheizt wurde. Der Spülstein war ebenfalls aus Sandstein gehauen, das Wasser floß einfach durch ein Loch in der Wand ab. Man hatte gußeiserne Kochtöpfe, die über das Feuer gehängt wurden. Hinter dem Herd hingen Kellen, Kochlöffel, Spieße und Schöpflöffel. Neben der Kochstelle stand ein Holzkübel, den wir Kinder stets mit frischem Wasser aus Nachbars Ziehbrunnen nachfüllen mußten. Ich erinnere mich aber noch gut daran, wie wir eine eigene Wasserpumpe in die Küche bekamen. Es wurden Rohre etwa acht Meter tief in den Boden geschlagen, solange, bis Wasser kam. Zuerst war es lehmig und sandig, aber bald wurde es klar und sauber; das war eine große Freude für uns.

In der Wohnstube stand ein großer Tisch mit einer Bank, den Wänden entlang. In der Ecke darüber der Herrgottswinkel. Daneben hing auch ein großes buntes Bild von der Heiligen Familie. Drei Stühle, eine Kommode und ein gußeiserner Ofen vervollständigten die Einrichtung. Geheizt wurde nur mit Holz. Die Bauern aus dem hinteren Tal lieferten uns Eichenprügel und Knüppelholz. Aber wir gingen auch oft in den über eine Stunde entfernten Gemeindewald, um Holz zu lesen. Die Wohnstube wurde zunächst mit einer Petroleumlampe beleuchtet; später gab es dann Spirituslampen, die etwas angenehmer im Geruch waren. Als ich etwa acht Jahre alt war, bekamen wir dann aber elektrisches Licht; das war wie ein großer Festtag für uns. Die schönsten Erinnerungen habe ich aber doch an frühe Winterabende, bevor die Lampe angezündet wurde. Da prasselten im Ofen die Holzscheite, der Feuerschein aus den

Ofenfugen zauberte auf den Wänden Lichtreflexe, und Vater erzählte Märchen oder Gruselgeschichten ...

In den Schlafstuben gab es keine Heizgelegenheit. Im Winter war es oft bitterkalt. Man konnte das Eis von den Wänden kratzen, und manchmal fror sogar die Bettdecke an der Wand an. Wir schliefen auf Strohsäcken. Abends, vor dem Zubettgehen, wurde ein Backstein im Ofen heiß gemacht, mit einem Tuch umwickelt und dann ins Bett gesteckt; so hatte man wenigstens warme Füße.

Allerdings ist die Gegend, in der ich geboren bin, für ihr mildes Klima bekannt. Man nennt sie das „kleine Paradies", weil es dort sehr warm und fruchtbar ist. Es wächst viel Obst und ein guter Wein. Meine Eltern besaßen auch einige kleine Äcker, wo wir das Nötigste an Kartoffeln, Gemüse und Getreide anbauten.

Ich war vier Jahre alt und mit meinen Eltern auf dem Feld draußen, als wir plötzlich die Feuertrompete aus dem Dorf hörten. Die Leute, die bei der Ernte waren, ließen ihre Geräte fallen, schrien laut durcheinander und liefen ins Dorf. Ein mir unverständliches Wort blieb hängen: „Mobilmachung". Es war August 1914. Mein ältester Bruder meldete sich gleich freiwillig, obwohl meine Eltern es gar nicht haben wollten. Er hatte zuvor oft über das Essen gemeckert und besonders über den Kaffee. Wir kannten nur Malzkaffee, den mein Bruder aber stets als „Gigemännlisbrüh" (Geigenmännleinsbrühe) bezeichnete. Er kam dann zur Marine und schrieb bald, jetzt würde er wohl nicht mehr auf das Essen bei Mutter schimpfen und die Gigemännlisbrüh würde er jetzt gerne trinken.

Bald gab es dann auch bei uns keinen Malzkaffee mehr zu kaufen, sondern Mutter brannte selbst Gerste und Korn, und dieser Kaffee schmeckte mit viel Ziegenmilch fast ebenso gut. Dann gab es auch fast kein Brot mehr, und wir aßen Pellkartoffeln mit Milch und gebrannter Mehlsuppe. Zwischendurch gab es allerdings auch Delikatessen: gebackene Froschschenkel. Besonders am Vorabend des Josefstages zogen kleine Gruppen von fünf bis sechs Personen in der Dunkelheit hinaus an die zahlreichen Wassergräben zwischen den Feldern. Wir Kinder leuchteten mit Sturmlaternen, und die Männer zogen die Frösche aus dem Schlamm. Manchmal hatten wir hundert Stück und mehr im Sack. Es war ab und zu auch eine Kröte dazwischen, die dann in den Garten entlassen wurde. Die Frösche kamen in einen Waschzuber mit Wasser. Erst anderntags wurden sie geschlachtet. Die Froschschenkel wurden von meiner Mutter zubereitet wie Forelle blau oder sogar mit einer Buttersauce.

Mutter war eine ausgezeichnete Köchin, sie konnte selbst mit wenigen Mitteln eine gute Mahlzeit bereiten. Auch im Nähen und Stricken war sie sehr geschickt. Sie nähte und flickte alles noch von Hand, erst später bekam sie eine Nähmaschine geschenkt. Ich sehe Mutter noch, wie sie an den langen Winterabenden unermüdlich für uns Kinder Strümpfe, für Vater und die älteren Brüder Socken strickte.

Vater saß dabei und flocht lange Zöpfe aus Stroh, das er zuvor in Wasser eingeweicht hatte. Daraus machte er schöne Strohschuhe. Die Leisten dazu hatte er in allen Größen selbst verfertigt. Zunächst umwickelte er den Leisten mit einem weichen Tuch, dann begann er an der Sohle mit dem dicksten Strohzopf. Die Zöpfe wurden spiralförmig um den Leisten herumgenäht, bis der Pantoffel fertig war. Als Sohle wurde unten ein Stück von einem Fahrradmantel befestigt. Dann verzierte

Vater das Werk noch mit einer schönen bunten Schleife. Bald versorgte er das ganze Dorf mit Strohschuhen. Diese waren natürlich nur als Hausschuhe geeignet. Für draußen hatten wir Holzschuhe. Das war in der Schule ein Geklapper und ein ungeheurer Krach, wenn die ganze Klasse über die Granitstufen rannte! Auch die Schlitten machte Vater für uns Kinder noch selbst. So ein Schlitten war nichts anderes als eine Holzkiste mit an der Unterseite befestigten Eisenkufen. Damit fuhren wir hauptsächlich auf den zugefrorenen Bewässerungskanälen zwischen den Feldern. Zwei Stangen mit Eisenspitzen dienten als Antrieb.

Durch unser Dorf fließt die Rench und der Mühlkanal. An diesem Kanal gab es vier Mühlen. Die Rench selbst war damals ein schöner Fluß mit einer breiten Rasenfläche an beiden Ufern. An sonnigen Tagen wuschen die Leute dort die Wäsche. Im Frühjahr kamen die Bauern sogar weit aus dem Hinterland mit Fuhrwerken angefahren, um ihre Wäsche in der Rench zu waschen. Vermutlich war die schmutzige Wäsche den ganzen Winter über angesammelt worden. Sie wurde nun zunächst eingeweicht, dann auf Tischen zweimal mit Kernseife geschrubbt, im Flußwasser gespült und danach auf dem Rasen den ganzen Tag über gebleicht. Gegen Abend wurde die Wäsche nochmals in den Fluten geschwenkt. Zum Schluß badeten die Frauen dann noch selbst. Niemand hatte aber einen Badeanzug; die Frauen saßen vielmehr mit ihrem Waschkleid im Wasser.

Es war immer noch Krieg und kein Ende abzusehen, als auch mein zweitältester Bruder, der inzwischen 17 Jahre alt geworden war, eingezogen wurde. Er weinte, als er von daheim fort mußte. Ich wollte immer noch ein kleines Schwesterlein haben, doch Mutter sagte, sie hätte nun genug Kinder aufgezogen. Da stand aber eines Tages im „Christlichen Familienblatt" eine Anzeige, in der Adoptiveltern für eine Vollwaise gesucht wurden. Die Eltern überlegten nicht lange: Vater war gleich damit einverstanden, daß wir das Kind zu uns nehmen, und Mutter tat es als Gelübde für die gute Heimkunft ihrer Söhne aus dem Krieg. So wurde dann meine älteste Schwester beauftragt, das Kind in Rastatt zu holen. Sein Vater war im Krieg gefallen, seine Mutter bei einer Grippeepidemie gestorben. Als es zu uns kam, war das Kind ein Jahr alt, lag aber immer noch im Steckkissen. Der Leib war groß und aufgetrieben, die Füßchen gekreuzt über der Brust, es hatte die Englische Krankheit. Bis es gesund gepflegt war, hatte Mutter sehr viel Arbeit mit dem kleinen Wurm, aber ich hatte eine kleine Schwester. Die Leute im Dorf konnten es nicht begreifen, daß man ein fremdes Kind aufziehen könne, ohne einen Pfennig Entschädigung dafür zu erhalten. Meiner Mutter aber erschien es als ein Wunder: Am Tage, als ihr zweiter Sohn an die Front kommen sollte, war Waffenstillstand.

HEINRICH HANSJAKOB
Aus meiner Jugendzeit

In meiner Jugendzeit lebten etwa sechzehnhundert sogenannte Seelen in dem malerischen Städtchen. Trotzdem eine Generation seitdem abgelebt hat, werden's heute nicht weniger sein, aber auch nicht viel mehr.* Wie damals, so sind die Menschen meiner Heimat Doppelnaturen, halb Bauern, halb Handwerker. Am Morgen flicken sie Schuhe, reparieren alte und machen neue Hosen, färben Zwilch, walken Strümpfe und Filzhüte, verkaufen Zichorie und Kaffee, und am Nachmittag hacken sie ihre Kartoffeln und holen ihren Klee. Die Weiber gießen am Abend den Salat und die Krautköpfe in den Gärten in der Vorstadt, „auf dem Graben" und im „Grün", und die Männer sitzen im Bierhaus und üben „Kannengießerei".

Die letztere Tat ist neu. In meiner frühen Jugendzeit war das anders, wie wir noch sehen werden. Aber die Haslacher haben von jeher die Hand am Pulse der Zeit gehabt, und so haben sie seit 1848 auch das Politisieren im Wirtshaus gelernt und es so weit gebracht, daß es heute, im Zeichen des Kulturkampfes, einzelne gibt, die um kein Geld „nach Canossa gingen." Sonst sind sie wie ehedem ein heiteres, mildes und frommes Geschlecht. Die Frühmesse am Sonntag wird fast von keinem versäumt.

Zwei Dinge aber kann man meinen lieben Mitbürgern vor allem nachsagen: Es ist noch keiner aus Gram gestorben und hat sich noch keiner zu tot gearbeitet. Dazu kommt noch aus-

*Das „heute" gilt hier und im folgenden der Zeit des ersten Erscheinens dieser Erinnerungen, 1879

gesprochenes Talent zu Fastnachtsstücken, unerschöpflicher Witz und Galgenhumor zum Wegwerfen. Und wenn sie auch im Bierhaus über den Stadtrat, über Steuern, Umlagen oder Militärzwang noch so eifern und krakeelen, sie sind nie gefährlich und waren es selbst in der Revolution nicht, in der sie über Katzenmusiken nicht hinausgingen. Das erste weltliche Lied, das ich in meiner Kindheit hörte, noch ehe ich zur Schule ging, sang eines Tages der alte „Murertoni", als er meiner Großmutter die Stube weißelte. Es lautete:

> Freund, ich bin zufrieden,
> Geh' es, wie es will;
> Unter meinem Dache
> Leb' ich froh und still.

Dazu fuhr er in aller Maurergründlichkeit mit seinem Pinsel langsam am Plafond hin und her. Ich selbst war tief gerührt; denn das Lied stimmte den Grundton an, der bewußt oder unbewußt im Herzen jedes Haslachers ruht, wenn auch die Zunge das Herz bisweilen Lügen strafen möchte.

Fast jeder Haslacher hat, wenn ich trivial reden soll, ein böses Maul, aber ein ehrliches, deutsches, zufriedenes und vorab lustiges und gutmütiges Herz. Ich habe in meiner Jugend nur zwei Personen nie heiter gesehen; die eine war eine Baronin v. Kraft und die andere der alte, blinde Bürgermeister Ruedin, welcher an hellen Tagen in seinem Lehnstuhl vor dem Hause saß, tiefernst, wie die römischen Senatoren auf dem Forum beim Einzug der Gallier. Aber diese beiden alten Leute waren keine Stamm-Haslacher.

Und die Frauen? Solcher gab es in meiner Jugendzeit nur

zwei: „Frau Oberamtmann" und die Frau des fürstenbergischen Rentmeisters Fischer, der in meinem elterlichen Hause wohnte. Alle anderen waren „Weiber", von denen mir in jenen Tagen nur zu Sinnen kam, daß sie im Winter gerne „z'Liacht" gingen und fleißig am Spinnrad und mit der Zunge arbeiteten, im Sommer die schönsten Gurken und die größten Salatköpfe der Umgegend pflanzten und anno 48 nocht hitziger als ihre Männer für „Freiheit, Gleichheit und Brüderlichkeit" schwärmten. Ich weiß nicht, ob die heutigen Wibervölker noch so schlagfertig sind in Rede und Gegenrede, wie in meiner Bubenzeit. Aber mit Freude denke ich in meinen alten Tagen an jene schneidigen Weiber zurück, unter denen meine Großmutter und meine Mutter in obigen Eigenschaften nicht die letzten waren. So waren, kurz gesagt, die Menschen beschaffen, unter denen ich meine Kindes- und Knabenzeit verlebte und mit denen ich alle guten und schlimmen Eigenschaften teile bis zum heutigen Tage.

Wenn ich das ganze heimatliche Kinzigtal nach seiner Lage personifizieren will, so liegt in Wolfach das Haupt, in Haslach das Herz und in Offenburg stehen die Füße. Die Wolfacher sind geborene Diplomaten, kühl bis ans Herz hinan. Zur Revolutionszeit waren sie die ruhigsten und befinden sich drum heute in Besitze des Oberamts und des Amtsgerichts. Meine Haslacher sind im Herzen des lustigen Tales und sein heiteres Herz. Sie haben die meisten Fehler, aber es sind dies lauter Herzensfehler, und die machen die Menschen bekanntlich am liebenswürdigsten. In der Kreishauptstadt Offenburg sind die Füße. Der Fortschritt und der Hauptverkehr gehen und gingen, wie auch die Revolution von anno 1848, fürs ganze Tal von dieser alten Reichsstadt aus.

Noch darf ich zum Schlusse nicht vergessen, daß mein Heimatstädtchen in Stadt und Vorstadt sich abteilt. Eine lange Querstraße trennt beide. Die Stadt ist die ehemals ummauerte Altstadt, und in der Vorstadt sitzen die Nachkommen der außerhalb der Mauern angesiedelten Fremden, der Hintersaßen und Pfahlbürger. In der Stadt lebten die Patrizier, draußen die Plebejer. Mein Name schon weist meinem Geschlecht den Platz unter den letzteren an.

JÜRGEN STELLING

Gengenbach

auf dem weg
vom oberen tor
zum kinzigtor:
regen

wenn
in dieser idylle
die sirenen
heulen
ɪprobealarmʼ
und von der
malzfabrik
der rauch
herüberzieht
über die
ɪdächer der stadtʼ

verdunkelt
sich das bild
und wenn ich
an der
friedhofsmauer
lehne
ɪam frühen morgenʼ

nach einem
rundgang
bis zu den
ersten bäumen
am hügel
fällt das bild
aus
und ich
muß neu beginnen
mit der stadt

den weg noch einmal
durch die engelgasse
wieder bei
regen

RENE SCHICKELE
Pariser Reise

In Appenweier fallen, den Zug entlang, die Fenster. Köpfe und Arme quellen wie aus den Löchern eines Kellers. Stücke Antlitz, Stücke Körper sind nach Westen gedreht. Eine Hand deutet verschwimmend dorthin, wo das Straßburger Münster mit senkrechtem Riegel den Horizont verschließt.
Ein Tor ist da, gegen das zwei Minuten lang ohnmächtige Herzen pochen.
Ein Grab ist da, das keine Beschwörung öffnet.
Die Maschine läßt prasselnd Dampf ab: Dröhnen von klopfenden Herzen in einer Höhle erfüllt mich. Sie pfeift, da tritt Stille ein.
Stücke Antlitz, Stücke Körper zerbröckeln. Der Streifen menschlichen Glanzes, auf Gesichtern, in Gebärden versprengt, dieser Gegenhorizont aus dem Keller vor dem andern, den das Münster versperrt, löst sich auf.
Die heraufgezogenen Fenster funkeln bös.
Der Zug in seiner ganzen Länge verschließt sich der Ebene, dem Himmel.
Vor einer Festung am Horizont fährt langsam ein Panzerzug vorbei.
Ich lasse mich westwärts treiben in einem Züglein, das ferienhaft bummelt, durch das gesegnete Hanauer Land, wo auf Höfen, blank wie ein Tischtuch am Sonntag, hohe, schmalgeschnittene Bauern sitzen, ich fahre durch den Vorgarten des Elsaß, aber mir ist bang zumut.
Kehl ist ein ramponierter Spucknapf. Wie kam diese märkische Amtsstadt an den Rhein? Aber sie hat ihre Verdienste.

Hierher flüchteten die Enzyklopädisten mit ihren Büchern vor der Zensur.

Viel Soldaten in Horizontblau. Sie geben sich adrett und ahnungslos. Jeden Marokkaner grüße ich mit einem Lächeln, um für mein Teil gut zu machen, daß wir, das Kainsvolk der Weißen, die Unschuldigen in unsere Händel gezogen haben. Ihre Offiziere führen sagenhafte Gestalten in kurzen Haaren und kurzen Röcken spazieren.

Mit eisernem Joch öffnet sich die Brücke. Gewaltig rollt der Rhein. Er schlägt die Trommel zur europäischen Reveille. An den Ufern, auf den kleinen Treppen, im Wasser wimmelt meine Jugend in hundert Gestalten, als sollte ein Film von ihr gemacht werden. Alle meine Freunde sind hier versammelt und die Bücher, die ich gelesen, und die Bilder, die ich gesehn, und die Konzerte, die ich gehört habe. Alle Reisen begannen und endeten hier. Hier habe ich mich freigeschwommen als Junge, zum erstenmal mit einer leibhaftigen Frau gebadet, als es dämmerte im Juli, und mein erstes Gedicht - ein deutsches - plötzlich am Weg gefunden. Einen ganzen westeuropäischen Kongreß für die Sicherung des Weltfriedens habe ich hier in die Schwemme geführt, jemand sprach von ‚unserm Ganges ...'; paar Jahre darauf rückten die Menschenfreunde einander mit Donnerbüchsen auf den Leib. In der Mitte des Stroms, es war Hochwasser, und die Schnellen verwirbelten sich, fiel den Ernst Stadler ein Krampf an, wir nahmen ihn zwischen uns, brachten ihn, zwei Kilometer tiefer, ans Ufer. Dann schossen sie ihn bei Ypern tot ...

Der Zionswächter, der meinen Paß abschreibt, spricht elsässisch. Der Zollbeamte am andern Ufer auch. Der Schaffner der Elektrischen will ein französisches Sprachexamen bei mir ablegen; ich entbinde ihn davon, und er verweigert mir das Trinkgeld, als wäre ich ein Familienmitglied. An den Haltestellen spielen Kinder, sie haben Honig auf den Wangen und auf den Stirnen ein Licht. Der Kontrolleur, der unterwegs einsteigt, genießt die allgemeine Achtung. Gemurmel der Ehrerbietung begleitet seinen Abstieg vom Wagen. Hier ist Ordnung noch beliebt. Die Hand, die er dankend ans Käppi führt, öffnet seine Bonhomie in ihrer Höhe und Breite wie einen altertümlichen Schrank, in dem es von Sauberkeit funkelt. Mir ist, als blätterte ich in einem Märchenbuch. Acht Jahre habe ich die Rheinstraße nicht gesehen. Das Kehler Tor und der Festungswall sind weg, der Metzgerplatz hat einen klangvollen Namen, nein, er hat wirklich an Klang und Widerhall gewonnen. Ich weiß nicht, warum ich schon als Knabe davon überzeugt war, daß ‚der Knabe, der das Alphorn blies', über den Metzgerplatz in die Stadt gekommen sei. Auch wenn ich ‚Straßburg, o Straßburg, du wunderschöne Stadt' singen höre, sehe ich gleich den Metzgerplatz, von dem man über den Rhein nach Kehl radelt, und die schmale Gasse zur Rabenbrücke, wo der Münsterturm aus den Dächern in den Himmel springt, als habe plötzlich jemand den Hahn eines Springbrunnens geöffnet. Ich blicke ihn argwöhnisch an, ob er nicht gleich zurücksinken wird. Er verweilt steil und strahlend; ich fühle mich geborgen. Jetzt wird mir klar, daß meine Eltern noch leben und mich erwarten. Der erste Bekannte, den ich auf der Straße treffe, empfängt mich mit den Worten, die rechtfertigen, daß ich bis jetzt gelebt habe: „Da bist du ja!" sagt er befriedigt. Das Auto setzt mich nach einem Sternenflug zu Hause ab.

URSULA FLÜGLER

Straßburg

O Straßburg
mein Trauern-

den Wassern der Ill
flog ich, der
stillen Unordnung
geschleifter Schanzen-

Spur, die lange
noch bleibt.

Geducktes Behagen
dazwischen,
im Schnakenloch,
im Schatten
der wechselnden
Sieger.

Und immer
Soldaten ...

O Straßburg -
mein Trauern
kommt weit her.

Die fröhlichen
Schneckenesser
sehen es nicht.

Die Gegenwart
gibt ihnen recht

und die Zukunft
auf deinen Fahnen.

ALFRED ECKERLE

An Fasnacht weg, ins Elsaß
(für Peter Gaymann)

Wir mit unseren durchtrainierten Seelen!

Gewöhnlicher Erlebnishunger („Land und Leute", Notdurft,
Schweiß, Tasten nach der korrupten Umarmung)
und, berechnend, etwas mehr: ein Erleben,
so sinnvoll abseitig
wie das Referat davon.

Bis zur Gewißheit eingeübt:
Der runde Tag ist ein Gefäß,
das den schwebenden Träumen
schön und hart entgegenspringt.

Zuvor, wohin mit den Narrenschellen,
die lauthals Ignoranz zum Gebot machen?

Durch die unnachgiebigen Körper hindurch
in der Weltrekordzeit, die nicht meßbar ist!
(Demnach nur schüchterner Beifall
aus dem allseits installierten Jenseits.)

Los also, das Erlebnis!

Keine Jahreszeit am Morgen, Himmel
und Erde, die sich küssen sollten, sind

fort; eine deutsche Betrunkenheit, die sich falsch
und narrensicher über den Rhein schleicht.
Ein fast schon zu freundlicher Mönch im Rathaus
von Gebweiler hält das Blattwerk zur Seite,
und wir sehen ganz klar die Klostertürme
von Murbach als stramme Mäxe verkleidet
(schalkhaft blinzelndes Mittelalter), ansonsten
kommt das Malerische nicht gerade pausbäckig
geschlenkert, es liegt Schnee
zwischen der nackten Tusche, ganz diskret
ist Platz gelassen für Hunderttausend Pesttote,
verarmte Sünder, impotente Samariter.

Bilder einer Ausstellung und undefinierte
Wirklichkeiten, Jetztzeiten und überschaubare
Vergangenheiten, Räusche und längst fällige
Ernüchterungen, kitschige Hochzeitsfotos
im Städtchen, auf dem Berg Eiskristalle an den Bäumen
(blitzend in der Abendsonne), das flippige Warten
auf das eigene gewöhnliche Schicksal: Wir müssen da
rausfinden, gleich, nach dem nächsten Glas!

An der krötenwarmen Mauer gelehnt, lebenslänglich-
schöne Paté zwischen den Zähnen, weiß man immerhin,
daß die fröhlichsten Bürgermeister verrotten,
von ihrer eigenen Vergeßlichkeit vergessen.
Aber in der Legende hält sich
jene Bäckersfrau von Rufach, die lebt
innerhalb ihres eigenen Körpers.

Und was sie noch kann: tageweit die Centimes
vorrechnen. Und die Menschen lieben, alltagsnüchtern,
ohne sie anschauen zu müssen,

und das kommt hart und fremd herüber
wie das Wechselgeld.

ERNEST HEMINGWAY
Inflation in Deutschland

The Toronto Daily Star: 19. September 1922

KEHL, DEUTSCHLAND. - Der Junge in der Garage in Straßburg, wo wir uns nach der Grenze erkundigen wollten, sagte: "Nach Deutschland? Das ist ganz einfach. Sie gehen über die Brücke - das ist alles, was Sie zu tun haben ..."
"Braucht man kein Visum?" fragte ich.
"Nein. Nur einen Stempel, daß es die Franzosen erlauben." Er zog seinen Grenzausweis aus der Tasche und zeigte uns die vollgestempelte Rückseite. "Sehen Sie? Ich wohne jetzt drüben, weil es billiger ist. So kann man Geld machen."
Soviel, was das betrifft.
Vom Zentrum von Straßburg ist es mit der Straßenbahn fünf Kilometer bis zum Rhein. Am Ende der Strecke hält die Bahn, alle steigen aus und strömen in einen Pferch aus Stacheldrahtzäunen, der zur Brücke hinunterführt. Ein französischer Soldat mit aufgepflanztem Bajonett schlendert über die Straße hin und her, und unter seinem blauen Stahlhelm hervor beobachtet er die Mädchen in dem Gehege. Links von der Brücke ist ein häßliches Zollhaus aus Ziegeln und rechts eine Holzbaracke, wo ein französischer Beamter hinter der Theke sitzt und die Pässe abstempelt. Der Rhein fließt schnell und schlammgelb zwischen den niedrigen grünen Ufern und wirbelt und saugt an den Betonpfeilern der langen Eisenbahnbrücke. Am anderen Ende der Brücke kommt die häßliche kleine Stadt Kehl in Sicht, die aussieht wie eins von den trostlosen Vierteln von Dundas (Toronto).

Wenn Sie französischer Staatsbürger sind und einen französischen Paß haben, stempelt Ihnen der Mann am Schalter einfach „Sortie Pont de Kehl" in den Paß und Sie gehen über die Brücke hinweg ins besetzte Deutschland. Wenn Sie einer anderen alliierten Nation angehören, sieht der Beamte Sie mißtrauisch an, fragt Sie, wo Sie herkommen und was Sie in Kehl wollen, wie lange Sie bleiben wollen, und dann stempelt er in Ihren Paß dasselbe „Sortie". Wenn Sie zufällig ein Einwohner von Kehl sind, der in Straßburg zu tun hatte und zum Abendbrot nach Hause will - und Kehl hängt in allen Geschäften mit Straßburg zusammen, genau wie andere Vorstädte mit ihrer City zusammenhängen, so daß Sie einfach gezwungen sind, nach Straßburg zu gehen, falls Sie überhaupt irgendein Gewerbe haben -, dann müssen Sie Schlange stehen, eine Viertelstunde oder zwanzig Minuten lang, Ihr Name wird in einer Kartei nachgeschlagen, und wenn Sie je etwas gegen die französische Regierung gesagt haben, so werden Sie ausgefragt und Ihre Personalien werden aufgenommen, und am Ende bekommen Sie den Stempel auch. Jedermann kann über die Brücke gehen, aber den Deutschen machen die Franzosen Schwierigkeiten.

Wenn Sie über den Rhein hinüber sind, sind Sie in Deutschland, und das deutsche Ende der Brücke wird von ein paar deutschen Soldaten bewacht, die kümmerlicher und verscheuchter aussehen, als Sie es sich vorstellen können. Zwei französische Soldaten mit aufgepflanztem Bajonett gehen auf und ab, und die beiden unbewaffneten Deutschen lehnen an der Mauer und sehen zu. Die Franzosen sind in vollem Wichs und tragen Stahlhelme, aber die Deutschen tragen ihre alten, weiten Militärmäntel und diese hohen Pickelhauben aus der Friedenszeit.

Ich fragte einen Franzosen, welche Aufgaben die deutsche Wache habe. „Sie stehen da ..." antwortete er.

Es war kein deutsches Geld in Straßburg zu bekommen. Der anwachsende Bedarf hatte Tage zuvor die Kassen der Banken erschöpft, und wir wechselten ein paar Francs im Bahnhof von Kehl. Für 10 Francs bekamen wir 670 Mark. 10 Francs sind ungefähr 90 Cents in kanadischem Geld. Diese 90 Cents reichten für meine Frau und mich den ganzen Tag, und wir leisteten uns eine ganze Menge. Am Ende hatten wir noch 120 Mark übrig. Unseren ersten Einkauf machten wir an einem Gemüsestand in einer kleinen Straße von Kehl, wo eine alte Frau Äpfel, Pflaumen und Pfirsiche verkaufte. Wir suchten uns fünf sehr schöne Äpfel heraus und gaben der alten Frau einen Fünfzig-Mark-Schein. Sie gab uns 38 Mark heraus. Ein sehr gut aussehender, weißbärtiger alter Herr sah uns zu, als wir die Äpfel kauften. Er zog den Hut und fragte uns auf deutsch: „Verzeihen Sie, mein Herr, was kosten die Äpfel?"

Ich zählte das Wechselgeld ab und sagte ihm: zwölf Mark.

Er lächelte und schüttelte den Kopf: „Das ist teuer. Das kann man nicht bezahlen." Er ging die Straße hinauf, wie die weißbärtigen alten Herren aus der alten Zeit in allen Ländern gehen, aber er hatte die Äpfel voller Verlangen angesehen. Ich wünschte, ich hätte ihm einige gegeben. An diesem Tag waren 12 Mark gerade zwei Cents wert. Der alte Mann, der seine Ersparnisse - wie alle Menschen, die nicht zu den Kriegsgewinnlern gehörten - wahrscheinlich in deutsche Vorkriegs- und Kriegsanleihen angelegt hatte, konnte sich die Ausgabe von zwei Cents nicht leisten. Er gehörte zu der Sorte Leute, deren Einkommen mit der fallenden Kaufkraft der Mark oder der österreichischen Krone nicht steigt.

Achthundert Mark sind einen Dollar wert oder acht Mark einen Cent, und wir sahen uns die Warenpreise in den verschiedenen Schaufenstern von Kehl an. Das Pfund Erbsen kostete 18 Mark, Bohnen 16 Mark. Ein Pfund „Kaiser-Kaffee" - es gibt noch immer viele „Kaiser"-Schutzmarken in der deutschen Republik - war für 34 Mark zu haben, „Kaffee", der nichts mit Kaffee zu tun hat, sondern aus gerösteter Gerste besteht, für 14 Mark! Das Paket Fliegenpapier kostete 150 Mark. Ein Sensenblatt kostete auch 150 Mark oder achtzehndreiviertel Cent. Der Bierpreis: 10 Mark der Steinkrug oder eineinviertel Cent.

Im besten Hotel von Kehl, einem sehr ordentlichen Gasthaus, wie sich herausstellte, servierte man uns das Tagesmenü von fünf Gängen für 120 Mark, was 15 Cents in unserem Geld entspricht. In Straßburg, fünf Kilometer entfernt, konnten wir das gleiche Essen nicht für einen Dollar bekommen. Da die Zollvorschriften für Leute, die aus Deutschland zurückkehren, sehr streng sind, können die Franzosen nicht herüberkommen und alles aufkaufen, was sie gerne tun würden, aber sie können zum Essen nach Kehl herüberkommen. Es ist eine Sehenswürdigkeit, den Mob jeden Nachmittag die deutschen Bäckereien und Konditoreien stürmen zu sehen. Die Deutschen backen guten Kuchen, wunderbaren Kuchen, und da die Mark nicht mehr zu halten ist, zahlen die Franzosen für ein Stück die kleinste französische Münze, die es gibt: einen Sou. Dieses Geldwechselwunder führt zu einem schweinischen Schauspiel: die jungen Leute aus Straßburg kommen, strömen in Scharen in die deutschen Konditoreien, schlingen Creme-Schnitten aus Blätterteig herunter - fünf Mark das Stück - und schlagen sich voll. Die Bäckereien sind in einer halben Stunde leergeräumt.

Wir waren in einer Konditorei. Sie schien einem Mann zu

gehören, der eine Schürze und eine blaue Brille trug. Ein zweiter, eine typischer ‚boche' mit gestutzten Haaren, half ihm. Das Lokal war brechend voll. Franzosen jeden Alters, jeden Aussehens beim Kuchenverschlingen, während ein junges Mädchen in rosa Kleid und seidenen Strümpfen, mit einem zarten, hübschen Gesicht und Perlen in den Ohren, Bestellungen auf Frucht- und Vanilleeis annahm, so lange der Vorrat reichte. Es schien ihr nicht viel auszumachen, ob der Vorrat reichte oder nicht. Es waren Soldaten in der Stadt, und sie hatte Lust, aus dem Fenster zu schauen.

Der Wirt und sein Gehilfe waren mürrisch. Sie sahen nicht besonders froh aus, als aller Kuchen verkauft war. Die Mark fällt schneller, als sie backen können.

In der Zwischenzeit zuckelte draußen auf der Straße eine komische kleine Bahn vorüber. Sie schaffte Arbeiter mit ihren Essenskrügen aus der Stadt nach Hause. Die Autos der Schieber rasten vorbei, große Staubwolken hinter sich her ziehend, die an Bäumen und Häuserfronten hängenblieben. In der Konditorei schlangen junge Schnösel aus Frankreich ihren letzten Bissen Kuchen herunter, und französische Mütter wischten ihren Kindern die verschmierten Münder ab. Es eröffnete einem neue Aspekte, was den Devisenverkehr betrifft.

Als die letzten Kaffeetrinker und Kuchenesser über die Brücke straßburgwärts gingen, trafen die ersten Valutahelden ein, um Kehl nach einem billigen Abendbrot abzugrasen. Die beiden Ströme begegneten sich auf der Brücke, und die beiden trostlosen deutschen Soldaten sahen zu. Wie der Junge in der Garage schon sagte: „So kann man Geld machen ..."

EVA BERBERICH
Bild

Schwäne im Altrhein sah ich
treibend unter tiefhängenden
Weiden sah leuchtende Tropfen
an ihren Schnäbeln wenn sie
auftauchten aus schwarzem
Wasser und wie einer über
mich wegflog mit heiserem
Schrei die Nacht wird kalt

BERTOLT BRECHT
Die unwürdige Greisin

Meine Großmutter war zweiundsiebzig Jahre alt, als mein Großvater starb. Er hatte eine kleine Lithographenanstalt in einem badischen Städtchen* und arbeitete darin mit zwei, drei Gehilfen bis zu seinem Tod. Meine Großmutter besorgte ohne Magd den Haushalt, betreute das alte, wacklige Haus und kochte für die Mannsleute und Kinder.

Sie war eine kleine magere Frau mit lebhaften Eidechsenaugen, aber langsamer Sprechweise. Mit recht kärglichen Mitteln hatte sie fünf Kinder großgezogen - von den sieben, die sie geboren hatte. Davon war sie mit den Jahren kleiner geworden.

Von den Kindern gingen die zwei Mädchen nach Amerika, und zwei Söhne zogen ebenfalls weg. Nur der Jüngste, der eine schwache Gesundheit hatte, blieb im Städtchen. Er wurde Buchdrucker und legte sich eine viel zu große Familie zu.

So war sie allein im Haus, als mein Großvater gestorben war.

Die Kinder schrieben sich Briefe über das Problem, was mit ihr zu geschehen hätte. Einer konnte ihr bei sich ein Heim anbieten, und der Buchdrucker wollte mit den Seinen zu ihr ins Haus ziehen. Aber die Greisin verhielt sich abweisend zu den Vorschlägen und wollte nur von jedem ihrer Kinder, das dazu imstande war, eine kleine geldliche Unterstützung annehmen. Die Lithographenanstalt, längst veraltet, brachte fast nichts beim Verkauf, und es waren auch Schulden da.

---

* Achern (Hrsg.)

Die Kinder schrieben ihr, sie könne doch nicht ganz allein leben, aber als sie darauf überhaupt nicht einging, gaben sie nach und schickten ihr monatlich ein bißchen Geld. Schließlich, dachten sie, war ja der Buchdrucker im Städtchen geblieben. Der Buchdrucker übernahm es auch, seinen Geschwistern mitunter über die Mutter zu berichten. Seine Briefe an meinen Vater, und was dieser bei einem Besuch und nach dem Begräbnis meiner Großmutter zwei Jahre später erfuhr, geben mir ein Bild von dem, was in diesen zwei Jahren geschah.

Es scheint, daß der Buchdrucker von Anfang an enttäuscht war, daß meine Großmutter sich weigerte, ihn in das ziemlich große und nun leerstehende Haus aufzunehmen. Er wohnte mit vier Kindern in drei Zimmern. Aber die Greisin hielt überhaupt nur eine sehr lose Verbindung mit ihm aufrecht. Sie lud die Kinder jeden Sonntagnachmittag zum Kaffee, das war eigentlich alles. Sie besuchte ihren Sohn ein- oder zweimal in einem Vierteljahr und half der Schwiegertochter beim Beereneinkochen. Die junge Frau entnahm einigen ihrer Äußerungen, daß es ihr in der kleinen Wohnung des Buchdruckers zu eng war. Dieser konnte sich nicht enthalten, in seinem Bericht darüber ein Ausrufezeichen anzubringen.

Auf eine schriftliche Anfrage meines Vaters, was die alte Frau denn jetzt so mache, antwortete er ziemlich kurz, sie besuche das Kino.

Man muß verstehen, daß das nichts Gewöhnliches war, jedenfalls nicht in den Augen ihrer Kinder. Das Kino war vor dreißig Jahren noch nicht, was es heute ist. Es handelte sich um elende, schlechtgelüftete Lokale, oft in alten Kegelbahnen eingerichtet, mit schreienden Plakaten vor dem Eingang, auf denen Morde und Tragödien der Leidenschaft angezeigt waren.

Eigentlich gingen nur Halbwüchsige hin oder, des Dunkels wegen, Liebespaare. Eine einzelne alte Frau mußte dort sicher auffallen.

Und so war noch eine andere Seite dieses Kinobesuchs zu bedenken. Der Eintritt war gewiß billig, da aber das Vergnügen ungefähr unter den Schleckereien rangierte, bedeutete es „hinausgeworfenes Geld". Und Geld hinauszuwerfen, war nicht respektabel.

Dazu kam, daß meine Großmutter nicht nur mit ihrem Sohn am Ort keinen regelmäßigen Verkehr pflegte, sondern auch sonst niemanden von ihren Bekannten besuchte oder einlud. Sie ging niemals zu den Kaffeegesellschaften des Städtchens. Dafür besuchte sie häufig die Werkstatt eines Flickschusters in einem armen und sogar etwas verrufenen Gäßchen, in der, besonders nachmittags, allerlei nicht besonders respektable Existenzen herumsaßen, stellungslose Kellnerinnen und Handwerksburschen. Der Flickschuster war ein Mann in mittleren Jahren, der in der ganzen Welt herumgekommen war, ohne es zu etwas gebracht zu haben. Es hieß auch, daß er trank. Er war jedenfalls kein Verkehr für meine Großmutter.

Der Buchdrucker deutete in einem Brief an, daß er seine Mutter darauf hingewiesen, aber einen recht kühlen Bescheid bekommen habe. „Er hat etwas gesehen", war ihre Antwort, und das Gespräch war damit zu Ende. Es war nicht leicht, mit meiner Großmutter über Dinge zu reden, die sie nicht bereden wollte.

Etwa ein halbes Jahr nach dem Tod des Großvaters schrieb der Buchdrucker meinem Vater, daß die Mutter jetzt jeden zweiten Tag im Gasthof esse.
Was für eine Nachricht!

Großmutter, die zeit ihres Lebens für ein Dutzend Menschen gekocht und immer nur die Reste aufgegessen hatte, aß jetzt im Gasthof! Was war in sie gefahren?

Bald darauf führte mein Vater eine Geschäftsreise in die Nähe, und er besuchte seine Mutter.

Er traf sie im Begriffe, auszugehen. Sie nahm den Hut wieder ab und setzte ihm ein Glas Rotwein mit Zwieback vor. Sie schien ganz ausgeglichener Stimmung zu sein, weder besonders aufgekratzt noch besonders schweigsam. Sie erkundigte sich nach uns, allerdings nicht sehr eingehend, und wollte hauptsächlich wissen, ob es für die Kinder auch Kirschen gäbe. Da war sie ganz wie immer. Die Stube war natürlich peinlich sauber, und sie sah gesund aus.

Das einzige, was auf ihr neues Leben hindeutete, war, daß sie nicht mit meinem Vater auf den Gottesacker gehen wollte, das Grab ihres Mannes zu besuchen. „Du kannst allein hingehen", sagte sie beiläufig, „es ist das dritte von links in der elften Reihe. Ich muß noch wohin."

Der Buchdrucker erklärte nachher, daß sie wahrscheinlich zu ihrem Flickschuster mußte. Er klagte sehr.

„Ich sitze hier in diesen Löchern mit den Meinen und habe nur noch fünf Stunden Arbeit und schlechtbezahlte, dazu macht mir mein Asthma wieder zu schaffen, und das Haus in der Hauptstraße steht leer."

Mein Vater hatte im Gasthof ein Zimmer genommen, aber erwartet, daß er zum Wohnen doch von seiner Mutter eingeladen werden würde, wenigstens pro forma, aber sie sprach nicht davon. Und sogar als das Haus voll gewesen war, hatte sie immer etwas dagegen gehabt, daß er nicht bei ihnen wohnte und dazu das Geld für das Hotel ausgab!

Aber sie schien mit ihrem Familienleben abgeschlossen zu haben und neue Wege zu gehen, jetzt, wo ihr Leben sich neigte. Mein Vater, der eine gute Portion Humor besaß, fand sie „ganz munter" und sagte meinem Onkel, er solle die alte Frau machen lassen, was sie wolle.

Aber was wollte sie?

Das nächste, was berichtet wurde, war, daß sie eine Bregg bestellt hatte und nach einem Ausflugsort gefahren war, an einem gewöhnlichen Donnerstag. Eine Bregg war ein großes, hochrädriges Pferdegefährt mit Plätzen für ganze Familien. Einige wenige Male, wenn wir Enkelkinder zu Besuch gekommen waren, hatte Großvater die Bregg gemietet. Großmutter war immer zu Hause geblieben. Sie hatte es mit einer wegwerfenden Handbewegung abgelehnt, mitzukommen.

Und nach der Bregg kam die Reise nach K., einer größeren Stadt, etwa zwei Eisenbahnstunden entfernt. Dort war ein Pferderennen, und zu dem Pferderennen fuhr meine Großmutter.

Der Buchdrucker war jetzt durch und durch alarmiert. Er wollte einen Arzt hinzugezogen haben. Mein Vater schüttelte den Kopf, als er den Brief las, lehnte aber die Hinzuziehung eines Arztes ab. Nach K. war meine Großmutter nicht allein gefahren. Sie hatte ein junges Mädchen mitgenommen, eine halb Schwachsinnige, wie der Buchdrucker schrieb, das Küchenmädchen des Gasthofs, in dem die Greisin jeden zweiten Tag speiste.

Dieser „Krüppel" spielte von jetzt an eine Rolle.

Meine Großmutter schien einen Narren an ihr gefressen zu haben. Sie nahm sie mit ins Kino und zum Flickschuster, der sich übrigens als Sozialdemokrat herausgestellt hatte, und es ging das Gerücht, daß die beiden Frauen bei einem Glas Rotwein in der Küche Karten spielten.

„Sie hat dem Krüppel jetzt einen Hut gekauft mit Rosen drauf", schrieb der Buchdrucker verzweifelt. „Und unsere Anna hat kein Kommunionskleid!"

Die Briefe meines Onkels wurden ganz hysterisch, handelten nur von der „unwürdigen Aufführung unserer lieben Mutter" und gaben sonst nichts mehr her. Das Weitere habe ich von meinem Vater.

Der Gastwirt hatte ihm mit Augenzwinkern zugeraunt: „Frau B. amüsiert sich ja jetzt, wie man hört."

In Wirklichkeit lebte meine Großmutter auch diese letzten Jahre keinesfalls üppig. Wenn sie nicht im Gasthof aß, nahm sie meist nur ein wenig Eierspeise zu sich, etwas Kaffee und vor allem ihren geliebten Zwieback. Dafür leistete sie sich einen billigen Rotwein, von dem sie zu allen Mahlzeiten ein kleines Glas trank. Das Haus hielt sie sehr rein, und nicht nur die Schlafstube und die Küche, die sie benutzte. Jedoch nahm sie darauf ohne Wissen ihrer Kinder eine Hypothek auf. Es kam niemals heraus, was sie mit dem Geld machte. Sie scheint es dem Flickschuster gegeben zu haben. Er zog nach ihrem Tod in eine andere Stadt und soll dort ein größeres Geschäft für Maßschuhe eröffnet haben.

Genau betrachtet lebte sie hintereinander zwei Leben. Das eine, erste, als Tochter, als Frau und als Mutter, und das zweite einfach als Frau B., eine alleinstehende Person ohne Verpflichtungen und mit bescheidenen, aber ausreichenden Mitteln. Das erste Leben dauerte etwa sechs Jahrzehnte, das zweite nicht mehr als zwei Jahre.

Mein Vater brachte in Erfahrung, daß sie im letzten halben

Jahr sich gewisse Freiheiten gestattete, die normale Leute gar nicht kennen. So konnte sie im Sommer früh um drei Uhr aufstehen und durch die leeren Straßen des Städtchens spazieren, das sie so für sich ganz allein hatte. Und den Pfarrer, der sie besuchen kam, um der alten Frau in ihrer Vereinsamung Gesellschaft zu leisten, lud sie, wie allgemein behauptet wurde, ins Kino ein!

Sie war keineswegs vereinsamt. Bei dem Flickschuster verkehrten anscheinend lauter lustige Leute, und es wurde viel erzählt. Sie hatte dort immer eine Flasche ihres eigenen Rotweins stehen, und daraus trank sie ihr Gläschen, während die anderen erzählten und über die würdigen Autoritäten der Stadt loszogen. Dieser Rotwein blieb für sie reserviert, jedoch brachte sie mitunter der Gesellschaft stärkere Getränke mit.

Sie starb ganz unvermittelt an einem Herbstnachmittag in ihrem Schlafzimmer, aber nicht im Bett, sondern auf dem Holzstuhl am Fenster. Sie hatte den „Krüppel" für den Abend ins Kino eingeladen, und so war das Mädchen bei ihr, als sie starb. Sie war vierundsiebzig Jahre alt.

Ich habe eine Photographie von ihr gesehen, die sie auf dem Totenbett zeigt und die für die Kinder angefertigt worden war.

Man sieht ein winziges Gesichtchen mit vielen Falten und einem schmallippigen, aber breiten Mund. Viel Kleines, aber nichts Kleinliches. Sie hatte die langen Jahre der Knechtschaft und die kurzen Jahre der Freiheit ausgekostet und das Brot des Lebens aufgezehrt bis auf den letzten Brosamen.

GUNTRAM VESPER
Unten im Schwarzwald

In der Gegend von Baden-Baden steigen wir auf einem Parkplatz aus. Ratlos stehen wir einen Augenblick in der milden Frühlingsluft der Oberrheinischen Tiefebene. Ratlos und unsicher. Bis ich die Meßtischblätter, Karten, Notizen, die Dokumente und Akten, alle Papiere über das Achertal und den Kirnberg auf die verwitterte Tischplatte lege. Was wollen wir hier. Ich erinnere mich. Die schlaflose Nacht im Herbst. Die alte Zeitung. Und der eine Satz, der lebt und der Anfang einer längst vergangenen und ganz neuen Geschichte war: er vertierte allmählich. Eine Scherbe, an der man sich geschnitten hat. Angst. Schmerz. Und die Gier, alles zu wissen. Ob man im Bericht vom Gespenst am Schrofenfelsen die eigenen Urgroßeltern, Großeltern, Eltern, sich selber ins Gesicht sieht. Sind uns, frage ich dich, die Gefühle, Gedanken, Handlungen, von denen gesprochen wird, wirklich fremd, erkennen wir die Bilder nicht wieder. Weshalb erschrecken uns die Ahnungen, Erinnerungen, die alten Gewohnheiten und die alten Worte so stark. Das ist der Anfang. Dann erzählt man das Ganze noch einmal. Und richtig. Jetzt erkennen wir auch die Bedeutung, die alles hat, jetzt erkennen wir vielleicht sogar das eigene Gesicht im Spiegel der mit einer Geschichte überzogenen Landschaft, die diesmal ein kleines Tal unten im Schwarzwald ist. Nur wenn dieser Spiegel uns auf allen Seiten umgibt, wenn wir im Tal stehen und die Geschichte noch einmal und neu erleben, können wir nicht mehr zur Seite gucken oder die Augen schließen. Das bin ich. Das bist du. Die alten Geschichten. Wir davor und in sie verwickelt. Sie steigen aus Höhlen auf, die dicht unter der Erde oder in uns gähnen, als geheime Drohung. Er vertierte allmählich. So beginnt und endet beinahe immer, was uns bedrückt.

Wer um die Mitte des Monats August achtzehnhundertachtundvierzig von der Eisenbahnstation Achern am Westrand des Schwarzwalds aus den unvergeßlichen Ausflug zu den romantischen Ruinen des Klosters Allerheiligen und seinen herrlichen Wasserfällen gemacht hat, wird ganz besonders das Wegstück genossen haben, das durch das reizende Kapplertal führt, immer längs der rauschenden Acher, die, eingesäumt von Felswänden und Erlen, ein bevorzugtes Standgewässer riesenhafter Forellen ist. Die Bewohner jener Gegend leben unterschiedlich gut von der Landwirtschaft, vom Weinbau und, weiter das Tal hinauf, von der Holzwirtschaft. Wie überall, wo der Reichtum der Erde ungleich verteilt ist, sei es durch starke Unterschiede in der Güte des Bodens, durch klimatische Bevorzugung unten im Tal und Benachteiligung weiter oben, sei es durch besondere Erbsitten, die den Besitz zerstückeln, durch viele Kinder oder aus ganz anderen Gründen, so wohnen auch im Achertal arm und reich dicht beieinander. Zum Beispiel liegt am Eingang des malerischen Tales, überragt von einer alten Burg, der Marktflecken Kappelrodeck. Mitten im Ort führt eine Brücke über die Acher, auf der jeder Wanderer einen Augenblick stillsteht und aufwärts nach dem Flüßchen schaut, das über große Felsblöcke weißschäumend und laut tosend hinunterstürzt und pfeilschnell unter der Brücke hindurchschießt, deren hölzerne Pfeiler der wilden Strömung nur unter Zittern Widerstand zu leisten vermögen. Dicht am Ufer, noch vor der Brücke, befindet sich das Löwenwirtshaus, zwar nur von hölzernem Überbau, aber zweistöckig, mit vielen Fenstern und hellem Anstrich und freundlich anzusehen. Der ganze Flecken macht den Eindruck einer Idylle, wie sie in unserem Land auch in den unruhigen Zeiten des Jahres achtzehnhundertachtundvierzig zahlreich zu finden waren und auf die sich, gefördert durch den unsicheren und fragwürdigen Gang der öffentlichen Dinge, die Blicke besonders der gebildeten und wohlhabenden Schichten begeistert und entspannt gerichtet haben. Leute, die damals in der Lage waren, Arbeit Arbeit sein zu lassen, vielleicht gar keiner Beschäftigung nachgingen und reisen konnten, den Harz entdeckten, die Alpen erschlossen, den Schwarzwald in Mode brachten: höhere Staatsbeamte, bevorzugte Hofbedienstete, wohlhabende Rentiers, reiche Erben, Professoren, der Adel, auch wenn es ihm nicht so gut ging, hofierte und erfolgreiche Künstler, privilegierte Nichtstuer. Aber auch wir. Suchen das Dach über dem Kopf.

Weil in den Städten der grollende Donner in Bewegung geratener Zustände zu hören war und bis in den Untergrund alles leise erzittern ließ, kam es, daß gerade in jenen Sommermonaten, von denen die Rede ist, häufiger als früher kleine und größere Gruppen von Reisenden das Tal der Acher hinaufstiegen. So mancher der Ausflügler, der zu Hause den Unterhalt nicht durch seiner Hände Arbeit verdienen mußte, sondern am Katheder stand, in der Behörde saß, inspizierend über seine Felder ritt oder am Sekretär in der Wohnstube Koupons schnitt und Kapitalzinsen berechnete, hat im Gespräch mit den Talbewohnern einem leichten Gefühl des Neides, ja der Sehnsucht Ausdruck gegeben. Wie wunderbar einfach ist es doch hier bei euch, ihr guten Leute. Er wußte nicht oder wollte nicht wissen, daß seinen Gesprächspartnern, den Bauern im Tal, manchen Winter, jeden fünften vielleicht, das Vieh aus Mangel an Heu zu verhungern drohte und abgeschlachtet werden mußte, daß die Menschen selber nicht satt wurden.

Die Straße führt nach Osten, zuerst eine Strecke durch die zersiedelte Rheinebene, dann ins Tal hinein, das anfangs breit und von Hügeln begrenzt ist. An der Landstraße und auf den Hängen stehen alte Apfel- und Birnbäume. Die vielen Wasserschößlinge und verdorrten Äste. Was das Pflücken allein schon kostet, heißt es auch hier. Zwischen den sich selbst überlassenen Plantagen in ihrem Reiz der Verwahrlosung erstrecken sich vergessene Weinberge mit herabgebrochenen Mauern und verfallenen Häuschen. Links der Straße, im Talgrund, viel Brachland, bereitgehaltene Erde im Wartezustand zwischen bäuerlicher und baulicher Nutzung. An manchen Stellen ist die Pflanzendecke schon abgeschält, über nackter Erde erheben sich Betonbrücken ohne Rampen, ohne Zusammenhang mit dem, was noch ist, was bald nicht mehr sein wird. Hier baut die Bundesrepublik Deutschland. Meterhohe Schilder. Eine Schnellstraße zur restlosen Erschließung des Gebirges wird auf den Schwarzwald zugebaut und in das sich verengende Tal getrieben. Schon haben sich beiderseits der Trasse, deren Verlauf nur an den Brücken, den übergroßen auf der Landschaft lastenden Gewichten, zu erkennen ist, Produktionshallen und Lagerhäuser kleinerer und mittlerer Betriebe angesiedelt. Der graue Beton leuchtet im Sonnenlicht durch die Bäume. Dann Kappelrodeck. In einer Gasse halten wir vor einem Schwarzwälder Holzhaus. Die Gardine am Fenster bewegt sich. Eine alte Frau kommt nach draußen. Sie hat Tracht an, der schwarze Rock hängt wie eine Glocke am Körper. Ihr graues Haar ist zu einem Zopf geflochten und kreisförmig auf dem Kopf festgesteckt. Sie hat einen braunen Milchkrug auf die Hausbank gesetzt und guckt uns unverwandt an. Einen Herzschlag lang habe ich die Hoffnung, die alte Frau mit dem selbstbewußten Blick, am Ende eines langen überschaubaren Lebens, könnte das letzte unüberwindliche Hindernis für das sein, was sich mit Baggern, Planierraupen, Betonmischern und Asphaltmaschinen das Tal hinaufarbeitet. Aber sie geht ins Haus zurück. Die Brücke über die Acher, aus Beton, hat keine hölzernen Stützpfeiler mehr. Und doch ist das Bild flußabwärts in hundertdreißig Jahren unverändert geblieben, bis heute: wildschäumendes Gebirgswasser über und zwischen rundgeschliffenen Steinen, ganze Polster von Stauden, die aus den Ritzen der Ufermauern wachsen und beinahe den Wasserspiegel erreichen. Überhängende Bäume. Breite Büsche. Die kleinen Täler im Land. Jedesmal, wenn wir eins gesehen haben, erwähnen wir den abgeschiedenen Winkel in langen Briefen an Freund und Feind. Vor der Brücke macht die Straße eine scharfe Kurve. Zurückgesetzte Häuser bilden eine Art Platz. Dort, links von der Straße und dicht am Bach, das Löwenwirtshaus. Kein hölzerner Überbau mehr. Alles gemauert, verputzt. Im Keller eine Discothek: Schmiedledick. Die Wagenräder, Sandsteintröge, aufgesägten Bierfässer voller Geranien verraten ebenso wie ein Wegweiser für Fußgänger vor dem Löwen, daß man in Kappelrodeck vom Fremdenverkehr lebt. Schilder weisen zum Kurpark, zum Minigolf und zum Trimmdichpfad, zu Schwimmbad, Stadion und Wassertretstelle, zum Fremdenverkehrsamt.

Auf der mäßig ansteigenden Landstraße kommt man in kaum einer Viertelstunde nach Furschenbach, einem kleinen, aus etwa dreißig zerstreuten Bauernhöfen bestehenden Dorf. An der Straße steht eine Mühle, gegenüber das Rebstockwirtshaus, und ungefähr fünfzig Schritte von diesem entfernt befindet sich das niedrige rotangestrichene Rathaus. Die Höfe liegen auf Vorhügeln oder in schmaleren Seitentälern, jeder ist ein größeres oder kleineres Reich für sich mit Wiesen, Feldern und Weinbergen, zu denen die tannenbestandenen hohen Schwarzwaldberge einen schönen Hintergrund bilden.

Aus der Mühle ist eine Papierfabrik geworden. Den Steinbruch daneben gab es früher nicht. Wirtshaus und Rathaus sind leicht zu finden. Auf dem Vorplatz spielen Kinder. Sie grüßen freundlich und lassen sich ausfragen. Das Dorf habe sich sehr verändert in den letzten Jahren. Die Schule sei nach Kappelrodeck verlegt worden. Auch die Bücherei. Die Geschäftsleute, nämlich der Bäcker, der Fleischer, der Lebensmittelhändler, hätten keine Nachfolger gefunden. Die großen Supermärkte unten in der Ebene. Sogar der Tischler habe sein Handwerk abgemeldet. Der Schuster ist beim Wasserwerk beschäftigt. Einen Gesangverein gebe es seit zwei Jahren nicht mehr, der Fußballklub habe sich aufgelöst. Im Dorf sei nichts mehr los. Aber der Verkehr auf der Straße werde immer stärker. Ein alter Mann, der mit einem Hund an der Leine die Straße heruntergekommen ist, stellt sich zu uns. Es seien noch ein paar Bauern im Dorf. Die meisten Leute arbeiten außerhalb, in der Stadt oder weiter weg. Man vermietet auch Zimmer. Aber der Ertrag daraus ist noch mehr als die Landwirtschaft vom Wetter abhängig. Ein Tag Regen, und alles reist ab. Manche Männer sind im Winter beim Holzeinschlag beschäftigt. Was einer heute auch immer macht, womit er sein Geld verdient, sagt der alte Mann, wenn er noch einen Acker in seinem Besitz hat, fühlt er sich immer als Bauer.

WALTER HELMUT FRITZ

Das Jägerbegräbnis

Wilder Wein
an der Mauer des Guts,
Oktober, noch immer
emsige Sonne.
Zwischen den Hügeln
hört man den Widerhall
von Schüssen,
die jemand abgibt
auf Stare.
Nur auf dem alten Glas
im Schrank des Eckzimmers
begraben die Tiere den Jäger
und sagen, ihm geht es gut,
uns geht es besser.

ALFRED ECKERLE

Die Wende

Es grüßen herüber die Bäume, die Berge,
das silberne Gewimmel der Flüsse:
weil es jetzt raus ist,
daß der Kußhand leeres Gelächter
überraschend
ohne Verzweiflung und Schmerz
hinüberleitet ins Ungewesene.

Der Zöllner zeigt sich selbst den Paß
und geht als letzter.
Unaufhörlich grüßen die Bäume ihresgleichen;
die Berge verneigen sich voreinander
in abgeschauter Höflichkeit.

ROLF SCHULZ

Tod im Baumsarg

Die Zombielität der Menschheit

Wie ein tödliches Schwert schwebt das Zeichen des lebenden Todes über dem Tag. Es ist das Unheil. Es ist die zuckende Stille vor dem Lärm. Der Fluch der Zombies. Ein Nebel des geistigen Todes verhüllt die Länder der Völker. In wabernden Dünsten flechten die Produzenten der Stille das Leichentuch des Endes in unermüdlichem Fleiß. Niemand stört das Verderben. - Wo sind die Propheten des Lebens?

Mehr Müll. Mehr Stein. Mehr Gift. Mehr Waffen. Mehr und mehr. Tag für Tag. An jedem Morgen geht die Sonne auf über dem Pesthauch des Himmels der Städte. Tag und Nacht feuern die geldjagenden Werke der Industrien ihre Aschen ins Firmament: Man produziert sich zu Tode. „Wo ist Gott, wo sind die Propheten", grinst der Zombie und fragt: „Wo sind Zeus, Jupiter, Votan, Vishnu und Schiwa? Wo wirken die Weisen, die Schamanen, die Philosophen? Was bringen die Lehren von Buddha, Plato und Sokrates? Was tut Jahve, der Gott Abrahams, Isaacs und Jacobs? Wem nützen Christus und Allah? Was ist der Teufel wert?"

Ich denke an das reine Licht der freien Kunst des Denkens und sage zum Zombie: „Wir sind frei von der Weisheit des Alten, frei von allen Göttern und Teufeln, die jemals die Gedanken der Menschen besessen haben. So frei wie heute waren wir noch nie!" Um diese Freiheit zu nutzen, möchte ich einen Sarg

als Zeichen der Freiheit wählen, denn nichts ist so frei wie der Tod.

In der Zeit der offenen Särge soll ein toter Baum nicht mehr als stehende Leiche zum Zeichen des Wahnsinns an seiner alten Stätte stehen, sondern soll zum Zeichen der Würde des Endes in Offenheit zum Liegen gebettet werden. Ein Mahnmal für die Nation muß her! Geldjäger, Amtstreiber und Gasopfer sollen den Sarg auf dem Berge sehen: Auf dem kahlen Katzenkopf der Hornisgrinde! Wir stellten einen Antrag zum Zwecke der Errichtung des Baumsarges. Freunde kamen mit mir im Edelmut ihrer hellen Gedanken und gingen den leichten Weg der Hoffnung zum Ziel des Lebens. Ich war nicht allein.

Es kam der schriftliche Antrag in die Ämter des Landes. Ein Städtchen im Schwarzwald empfing das Dokument. Ein Bürgermeister. Ein Gemeinderat. Ein Forstrat. Ein Vorsitzender des Waldvereins. Ein Regierungspräsident. Das sind die zuständigen Leute. Verständige Menschen für die Probleme ihrer Zeit, dachte ich, und meine Freunde dachten ebenso. Ein Irrtum, das mußte ich merken. Man hat uns niemals empfangen. Wen interessiert schon der Tod der sterbenden Wälder germanischer Hügelberge, merkte ich schnellstens, bevor ich in Panik denken mußte: „Das Öl arabischer Wüsten ist interessanter und stärker, weil der Mörder stets stärker als sein Opfer erscheint."

„Eines Tages werden wir Verständnis und Hilfe erhalten gegen das Öl und gegen den Tod", sagte ich zu Wolfgang. Doch Wolfgang sagte: „Es wird schwer werden. Die Zombies werden brüllen und kämpfen." Wir steigen den kahlen Berg empor und sehen die dunklen Konturen zerzauster Stümpfe von Bäumen im Abendschein. Der Tag versinkt im Nebel der Stille.

Schon wieder! Es donnert. Was ist das für ein Donner unter dem Berg? Ich höre es, wie ich den Brüllwald hörte. - Nein, anders. - Unheimlicher, schriller. - Grauenhafter. Die Erde zittert im Donnerchor. Das Grauen. Es ist das grauenvolle, tiefe, dumpfe Brüllen und Donnern des lebenden Todes. Es zuckt, bebt, dröhnt und zittert in den Festen des Grundes. Die Zombies röcheln und stöhnen. Das Grauen. Die Zombies brüllen. Ein heiseres, bellendes Brüllen des Bürgermeisters. Das dumpfe Röcheln des Präsidenten. - Das Grauen. - Das donnernde Stöhnen des Rates. Der Forstrat! Die Vorsitzenden! Die Minister! Entmenschte Stimmen im Choral der dumpfen Ohnmacht des toten Geistes: „Nein! Keinen Sarg!"

So lebt der lebende Tod. So brüllt der tote Geist. Diese Art von Tod braucht keinen Sarg. Das Zeichen der Würde ist ihm fremd. Diese Menschen leben im Sarg. Sie glauben zu leben und sind lange gestorben; wie die stehenden Leichen ihrer toten Bäume sind es gehende Leichen der menschlichen Zombielität. Ihr geistiger Tod bedeutet das Ende der Wälder. Wie wollen die aufrechten Leichen der Ämter das jagende Feuer der Werke zu löschen beginnen? Sie möchten das Land vom Schicksal des Sarges befreien. Doch kann kein menschliches Regiment den Baumsarg verhindern, denn vor dem wirklichen Tod steht der Tod des Geistes. Das Gift des modernen Wahnsinns läßt das Leben des Geistes noch im Leben erkalten: Menschen werden zu Zombies. Der lebende Tod regiert vor dem physischen Sterben. Die Zombielität der Menschheit ist da. Du erkennst sie an ihren Bäumen. Einst legte man Tote in Särge hohler Stämme und füllte Erde darauf. Heute legt man den Baum in den Sarg. Das Ende des Lebens im Geiste: Tod im Baumsarg.

Es erscheint eine Zukunft. Die Belebung der Starre durch den Geist des Phantasmus erfolgt. Zombies kommen zum Leben, gebrauchen Beine zum Laufen, Köpfe zum Denken und wenden Augen von den Monitoren zu den bunten Blumen des göttlichen Seins. Der Absatz der Autos stagniert in Folge. Die Einschaltquoten der Television sinken tiefer. „Das ist das Ende unserer Dinge!" heulen die Herren der Zombies im Chor und beginnen mit der Wehr ihrer Waffen.

Nach Einführung allgemeiner Fußamputationen schnellt die Gewinnspanne der Autobranche in Schwindelhöhen. Die gültige Verordnung des Zwangsfernsehens mit der Freigabe von Rauschgift und Porno zum Zwecke der Werbung läßt die starken Zweige der Industrie blühen und wachsen am Baume des Todes. Schließlich bringt das neue Gesetz zur Betonierung der Restflächen ehemaliger Naturlandschaften dem Staate Ordnung, Reichtum und Sicherheit. Man ist saniert. Es wird alles erledigt. Die gute Ordnung ist endlich geschaffen.

Nun da! Siehe jedoch: Mitten im Glanz des tödlichen Fortschritts geschieht die Revolution. Im Gifttraum der Zombielität vergessen die Zombies die Mächte der Apparate. Sie geraten ins traumhafte Koma und verlieren die Kontrolle über das lauernde Inferno. Da! Ein Irrsinn! Im starren Rausch des letzten Irrsinns fliegen Raketen und Bomben. Ein Höllenlärm! Nuklearreaktoren, Computerzentralen, Highways mit Metropolen und Staaten zerspringen im heißen Hauch des großen Lärms und fliegen hinauf und hinaus in das blaue Schwarz der Nacht des Alls, - hinein ins ewige Weiß der Glut der Sterne.

Erst in der Zeit nach der großen Naturzerstörung entsteht das Bewußtsein des Frevels an der Kunst des Lebens. Die Zeit wird reif. Durch den Bleisarg der Stille dringt ein neuer Baum. Es entsteht die Frage nach dem Wesen des Herrn der Kunst im Licht der neuen Gedanken. Der Urknall und der Endknall: Die Frage nach Gott. - Denn mit dem Blitz eines Knalles kam der gehende und kommt der kommende Gott in das Denken des Menschen.

Bildnachweis

Blick ins Geroldsecker Tal 17
Ansicht von Lauf 29
Am Mahlberger Schloß 35
Rheinhafen Kehl 41
Offenburg 47
Blick von Renchen auf die Moos
(„Ortenauer Landschaft") 67
Vorderes Kinzigtal bei Gengenbach 87
Allerheiligen 97
Die Schauenburg bei Oberkirch 115
Nato-Air-Base Lahr/Black Forest 145
Ettenheimer Idylle (Idyll I) 147
Gengenbacher Idylle (Idyll II) 175
Die Europabrücke und Straßburg 187
Achern 195
Blick vom Katzenkopf (Hornisgrinde)
nach Süden 209

Autorenregister

EVA BERBERICH, Jahrgang 1942, lebt als Kunsterzieherin in Lahr. Beiträge in Literaturzeitschriften und Rundfunksendungen. Sie veröffentlichte eine Erzählung im Luchterhand Verlag sowie das Buch „Vom Drachen, der auszog und wieder einzog, das Gruseln zu lehren" im Eigenverlag.

BERTOLT BRECHT, 1898 in Augsburg geboren; Dramatiker, Lyriker, Prosaist, Essayist, Regisseur, Kommunist; gestorben 1956 in Ost-Berlin. „Die unwürdige Greisin" erschien erstmals 1949, entnommen aus: „Gesammelte Werke" (c) Suhrkamp Verlag, Frankfurt am Main 1979.

PHILIPP BRUCKER, Jahrgang 1924. Zunächst Redakteur an der Lahrer Zeitung, bekleidete von 1961 bis 1981 das Oberbürgermeisteramt in Lahr. Autor von mehreren Büchern über die Lahrer Region, zahlreiche Veröffentlichungen in verschiedenen Zeitschriften. Sämtliche Beiträge entnommen aus seinem Band „s'Danzknöpfli", Moritz Schauenburg Verlag, Lahr. Der Text „Bähnli ade" wurde eigens für diese Anthologie überarbeitet.

ANDREAS TILMAN BUCHTA, geboren 1942 in Karlsruhe, Diplompädagoge. Lebt als Lehrer in Wolfach. Veröffentlichungen von Gedichten und Erzählungen in Zeitschriften und Anthologien. Einzeltitel: „Das feindliche Rauschen im Ohr" (Gedichte) 1982; „Bevor das Fenster blind wird" (Erzählungen, Aphorismen, Gedichte, Zeichnungen & Collagen) 1984.

ALFRED ECKERLE, Jahrgang 1953, geboren und aufgewachsen in Wolfach. Lebt in Freiburg. Die abgedruckten Gedichte sind entnommen aus: „Im Umgang mit der Entfernung", Dreisam Verlag, Freiburg 1982.

ANTON FENDRICH, 1868 in Offenburg geboren. War als Redakteur und Auslandskorrespondent bei verschiedenen Zeitungen tätig, SPD-Abgeordneter im Badischen Landtag (1897). Lebte von 1914 bis zu seinem Tode 1948 als freier Schriftsteller in Freiburg. Autor mehrerer Wanderbücher, Erzählungen und Romane. Der Beitrag „Hüben und Drüben" erschien erstmals in dem Band „Land meiner Seele", Societäts Verlag, Frankfurt am Main 1941.

OTTO FLAKE, Jahrgang 1880, Mitarbeiter der „Neuen Rundschau", schloß sich 1918 dem Dada-Kreis in Zürich an. Lebte von 1928 bis zu seinem Tod 1963 in Baden-Baden. Verfasser zahlreicher Essays und Romane. „Schloß Ortenau" erschien erstmals 1963. Copyright bei S. Fischer Verlag GmbH, Frankfurt am Main 1974.

URSULA FLÜGLER, Jahrgang 1940, lebt seit 1967 als Deutsch- und Lateinlehrerin in Offenburg. 1977 erschien ihr Lyrikband „Erstes Lateinbuch" im Bläschke Verlag (hieraus entnommen: „Begründung für einen Wohnort", „Ausgrabung"), zahlreiche Veröffentlichungen in verschiedenen Zeitschriften und Sammelbänden.

WALTER HELMUT FRITZ, Jahrgang 1929, lebt als Autor und Übersetzer in Karlsruhe. Ca. 30 Buchveröffentlichungen, zahlreiche Essays und Übersetzungen aus dem Französischen. Mehrere Literaturpreise. Das abgedruckte Gedicht ist entnommen aus: „Gesammelte Gedichte", Hoffmann und Campe Verlag, Hamburg 1979.

WOLFGANG GUHLE, Jahrgang 1947, lebt in Hamburg; von Beruf Diplomvolkswirt, Veröffentlichungen in diversen Zeitschriften, Kabarettauftritte; 1987 erscheint sein Lyrik- und Satireband „Vor seinen Särgen brüllt der Wald"; Vorstandsmitglied des BBU seit 1983; seit 1984 Zusammenarbeit mit Rolf Schulz bei den Projekten: „Brüllwald", „Tausend Takte Tod", „Todeswaan" und „Baumsarg".

HEINRICH HANSJAKOB, 1837 in Haslach geboren; seit 1863 Priester, von 1871 bis 1878 badischer Landtagsabgeordneter, Stadtpfarrer in Freiburg, gestorben 1916; zahlreiche Romane und Erzählungen, oft mit zivilisationskritischem Einschlag; Schilderungen der originären Volkskultur seines Heimatortes Haslach und des Kinzigtals.

WILHELM HAUSENSTEIN, 1882 in Hornberg geboren. Veröffentlichte mehrere kunstgeschichtliche Schriften und Reisetagebücher, sowie den autobiographischen Roman „Lux Perpetua" 1947. Von 1950 bis 1955 als Generalkonsul, dt. Geschäftsträger und Botschafter (1953) in Paris; starb 1957 in München. Die „Badische Reise" erschien erstmals 1930 im Verlag Knorr u. Hirt GmbH, München.

WILLI HEINRICH, geboren 1920 in Heidelberg, lebt bei Bühl. Veröffentlichung zahlreicher Bücher, die in viele Sprachen übersetzt wurden; die Gesamtauflage beträgt bisher über 15 Millionen Exemplare. Die in diesem Band abgedruckte Passage wurde entnommen aus: „Liebe und was sonst noch zählt", (c) 1974 Bertelsmann Verlag GmbH, München.

ERNEST HEMINGWAY, geboren 1889 in Oak Park / Illinois USA; gestorben 1961. Amerikanischer Romancier, Erzähler und Essayist, erhielt 1954 den Nobelpreis für Literatur. 1921/22 war er als Sonderkorrespondent der Zeitung „The Toronto Daily Star" in Europa. Sein Artikel wurde entnommen aus „49 Depeschen", (c) 1969 Rowohlt Verlag GmbH, Reinbeck bei Hamburg.

HEINZ G. HUBER, geboren 1952 in Oberkirch, aufgewachsen in Nußbach, Lehrer am Aufbaugymnasium Lahr. Veröffentlichungen: „Dittli gnue" 1980, „Offenburger Idyllen" (zusammen mit Gudrun Hetzel) 1984; Rundfunk- und Zeitungsbeiträge über moderne Literatur, Regionalismus und Regionalliteratur; Fachveröffentlichungen; zuletzt: „Die Rastatter Rheinaue" (Landschaftsessay) in: Allmende 15.

WOLFGANG KOEPPEN, 1906 in Greifswald geboren. Veröffentlichte zahlreiche Romane, darunter die sogenannte „Nachkriegstrilogie" mit „Tauben im Gras" 1951, „Das Treibhaus" 1953 und „Tod in Rom" 1954. Wurde 1962 mit dem Georg-Büchner-Preis ausgezeichnet. Daneben Veröffentlichungen von Essays und Reiseberichten. Die abgedruckte Passage wurde entnommen aus: „Reisen nach Frankreich", (c) Suhrkamp Verlag, Frankfurt am Main 1979, s. 7 u. 8.

BERNHARD KÖLMEL, Jahrgang 1942, in Karlsruhe aufgewachsen. Arbeitet für internationale Tageszeitungen im In- und Ausland, beschäftigt sich feuilletonistisch mit der Geschichte und Kultur Offenburgs und Badens. Sein Beitrag „Offenburg" erschien zunächst in der FAZ, danach in dem Band „Reiseziel Schwarzwald", Heyne Verlag, München 1984.

JÜRGEN LODEMANN, Jahrgang 1936, lebt als Fernsehredakteur, Literaturkritiker und Autor in Baden-Baden. Veröffentlichte mehrere Bücher. Der abgedruckte Beitrag ist entnommen aus: „Geschichten aus dem Schwarzwald", Gesammelt von Jürgen Lodemann, (c) 1985 by Diogenes Verlag AG, Zürich.

ELISABETH MOOSMANN, Jahrgang 1956, geboren in Waldkirch (Buchholz), lebte von 1975 bis 1977 in Offenburg und Lahr. Arbeitet als freie Journalistin und Schriftstellerin in Freiburg. Gedichtveröffentlichungen in Zeitschriften und der Claasen-Anthologie „Das zahnlos geschlagene Wort" 1980. Herausgeberin der Dokumentation „Heimat - Sehnsucht nach Identität". Veröffentlichte 1985 den Lyrikband „Suchen - den Ort am Ort".

RENE SCHICKELE, 1883 in Oberehnheim/Elsaß geboren. Mitarbeiter und Herausgeber mehrerer Zeitschriften. Der Autor zahlreicher Dramen, Romane und Essays lebte von 1920 bis 1932 in Badenweiler, starb als Emigrant 1940 in Nizza. Der Text „Pariser Reise" aus dem Band „Wir wollen nicht sterben" erschien erstmals 1922. Abdruck mit freundlicher Genehmigung des Verlags aus: René Schickele, Werke in drei Bänden, Bd. 3, (c) 1959 by Verlag Kiepenheuer & Witsch, Köln.

REINHOLD SCHNEIDER, geboren 1903 in Baden-Baden, gestorben 1958 in Freiburg. Große Anzahl an Veröffentlichungen von historiographischen Schriften, Gedichten, Essays, sowie Religiös-Autobiographischem; erhielt 1956 den Friedenspreis des deutschen Buchhandels. Gesammelte Werke in 10 Bänden im Insel Verlag, Frankfurt am Main. Die Essays „Kloster Allerheiligen" und „Schicksal und Landschaft" wurden entnommen aus der „Badischen Heimat", 30. Jg. 1950, sowie 40. Jg. 1960.

OTMAR SCHNURR, 1946 in Achern geboren, lebt in Ottenhöfen; unterrichtet als Religionslehrer in Achern. Mitautor mehrerer Religionsbücher, zeitweise Schriftleiter einer religionspädagogischen Zeitschrift. Buchveröffentlichungen: „Stoßgebete und ebensolche Seufzer" 1984, „Geflüster im Kirchenschiff" 1985, „Zündfunken" 1985, „Mag sein, daß die Wüste lebt" 1986.

MARTA SCHWARZ, Jahrgang 1909, lebt in Offenburg. Arbeitete bis zur Pensionierung als Verlagsbuchhändlerin, Lektorin und Redakteurin bei verschiedenen Verlagen und Zeitungen. Veröffentlichungen von Lyrik und Prosa in Zeitungen, Zeitschriften und Rundfunk. Ihre in diesem Band abgedruckte Erzählung erschien erstmals in der Zeitschrift „Die Pforte" 1953.

ROLF SCHULZ, Jahrgang 1942, lebt in Hamburg. Bauleiter im Ingenieurbau und Beratender Ingenieur, 1982 Maler und Phantast, 1984 Phantast und Freund

Gottes; bemüht sich um die Realisierung des „Baumsargs", eines nationalen Mahnmals gegen das Waldsterben auf dem Katzenkopf (Hornisgrinde). Der Beitrag wurde aus seinem Katalog „Phantasmus" 1986 übernommen.

JÜRGEN STELLING, Jahrgang 1947, lebte von 1972 bis 1974 als Buchhändler in Offenburg, seit 1974 als Schriftsteller und Verlagsvertreter in Stuttgart. Veröffentlichung mehrerer Gedichtbände, Herausgeber der Poesie-Agenda (zusammen mit W. Bucher) im orte-Verlag, Zürich.

OTTO ERNST SUTTER, Jahrgang 1884, lebte von Anfang der 40er Jahre bis zu seinem Tode 1970 in Gengenbach; Herausgeber mehrerer Zeitschriften, journalistische Tätigkeit bei Funk und Fernsehen, zahlreiche Initiativen zur Erhaltung und Wahrung seiner Wahlheimat Gengenbach und des Schwarzwalds. Der Artikel „Fluß der Mitte", der uns freundlicherweise von Frau Lilith Stromeyer-Sutter herausgesucht und zur Verfügung gestellt worden ist, erschien erstmals im Merianheft-Südschwarzwald 1958.

MARK TWAIN, geboren 1835 in Florida (Missouri), gestorben 1910. Setzerlehrling, Lotse auf dem Mississippi, Goldgräber in Kalifornien, Journalist in Virginia City, San Francisco und Hawaii. Der Autor des „Tom Sawyer" 1876 und des „Huckleberry Finn" 1884 veröffentlichte 1880 seinen „Bummel durch Europa" („A tramp abroad"). Übertragung aus dem Amerikanischen von Martina Fischer (Bamberg).

ROBERT ULLMANN, 1951 in Oberkirch geboren, lebt in Freiburg. Verfasser von Chanson- und Liedtexten. Mitarbeit bei Theaterprojekten in der „Wäscherei", dem heutigen Offenburger „Theater im Gewölbe".

GUNTRAM VESPER, Jahrgang 1941, lebt als freier Schriftsteller und Privatgelehrter in Göttingen und Steinheim am Vogelsberg. Zahlreiche Lyrik- und Prosaveröffentlichungen, Hörspiele und Radioessays. Die abgedruckte Passage wurde entnommen aus „Kriegerdenkmal - ganz hinten", (c) S. Fischer Verlag GmbH, Frankfurt am Main 1974.

MARTA WALTER, Jahrgang 1910. Die Hausfrau und Mutter dreier Kinder wurde in Stadelhofen geboren. Ihr Beitrag stammt aus dem Landesseniorenwettbewerb „Ältere Menschen schreiben Geschichte". Archiviert im Hauptstaatsarchiv Stuttgart, Bestand J 175 Nr. 1509.

WENDELINUS WURTH, Jahrgang 1953, in Renchen geboren, aufgewachsen in Zienken, Diersheim und Urloffen. Referendar in Rottweil. Alemannische, schriftdeutsche und englische Gedichte in Zeitschriften und Anthologien. Übersetzung der „Adventures of Huckleberry Finn" ins Alemannische.

Über die Herausgeber

ALBRECHT HUBER, 1957 in Achern geboren, in Ottenhöfen aufgewachsen. Studium der Germanistik und Geographie in Freiburg, Wien und Berlin. Magisterarbeit über Heimito von Doderer, lebt in Umkirch.

KLAUS ISELE, 1960 in Waldshut geboren. Studium der Germanistik, Anglistik, Philosophie und Religionsgeschichte in Bamberg, Freiburg und Zürich; journalistisch, literaturkritisch und herausgeberisch tätig, lebt in Eggingen.

MICHAEL MATZAT, 1958 in Oberkirch geboren. Studium der Germanistik und Geschichte in Freiburg und Wien. Artikel und Rezensionen, lebt in Freiburg.

Für die tatkräftige Unterstützung bei der Entstehung dieses Buches danken wir herzlich Heinz G. Huber, der uns mit seinen Hinweisen und Ratschlägen am Anfang entscheidend weiterhalf, außerdem Manfred Bosch, Thomas Bauer, Andreas Mahler und Dr. Heinz L. und Frau Brigitte Matzat für ihre kulinarische und geistige Betreuung während der abschließenden Redaktionssitzung an einem Sommerwochenende in Oberkirch.

Joseph Victor v. Scheffel

Warum küssen sich die Menschen?

Trink-Poesie und Kater-Philosophie
des Meisters Josephus vom Dürren Aste
Trompeterstücklein
Vagantenepisteln & Polizei-Poesie
Gaudeamus-Blödeleien
gesammelt und empfohlen
von
Klaus Oettinger und Helmut Weidhase

EKKEHARD FAUDE VERLAG KONSTANZ

EDITION KLAUS ISELE
Heidelstraße 9, 7891 Eggingen

Bücher aus der Region

Der zeitgenössische Hochrhein-Spiegel
140 S., broschiert, 18,- DM

Eine literarisch-kritische Anthologie über den Hochrhein mit Beiträgen von Günter Grass, Helmut Gollwitzer, Franz Hohler, Manfred Bosch, Armin Ayren u.v.a.
„*Ein mutiges Unternehmen aus dem tiefsten Südwesten*" (*Fränkischer Tag, Bamberg*)
„*Ein notwendiges Buch*" (*Südkurier*)
„*Prima - besonders das Kritische hat mir imponiert*" (*Hermann Kinder*)

Marco Schwarz: Tage gehen vorbei
153 S., broschiert, 8.- DM

Die BRD der 80er Jahre. Ein junger Arbeiter zieht aus seiner bedrückenden Lebens- und Arbeitssituation Bilanz: schonungslos, authentisch und ehrlich. Marco Schwarz gelingt es treffend, das verzweifelt-hoffnungsvolle Lebensgefühl der jungen Generation nachvollziehbar zu machen.

BUCH · UND KUNSTHANDLUNG
Gustav Roth
7600 Offenburg. Hauptstr. 45. Tel. 0781/2 20 97

Trotz intensiver Bemühungen ist es uns nicht gelungen, alle Rechtsinhaber ausfindig zu machen. Berechtigte Ansprüche werden vom Verlag selbstverständlich abgegolten.

Alle Rechte vorbehalten
Umschlaggestaltung unter Verwendung einer
Federzeichnung von Albrecht Huber
Satz: Ute Tosic, Freiburg
Druck: Bundschuh, Freiburg
© Edition Klaus Isele, Eggingen 1986
Printed in Germany
ISBN 3-925016-18-X